Einführung in die indischen Schriften
Teil I:
Devanāgarī

Einführungen

in fremde Schriften

Arabisch-persisch

Armenisch

Bengālī

Chinesisch

Devanāgarī

Donauschrift

Georgisch

Griechisch

Gujarātī

Gurmukhī

Hebräisch

Hieroglyphen

Mongolisch

Oṛiā

Tibetisch

BUSKE

Einführung in die indischen Schriften
Teil I:
Devanāgarī

von
Elvira Friedrich

BUSKE

Teil II der *Einführung in die indischen Schriften* behandelt Gujarātī, Gurmukhī, Bengālī und Or̥iā. ISBN 978-3-87548-219-5

Bibliografische Information der Deutschen Nationalbibliothek

Die Deutsche Nationalbibliothek verzeichnet diese Publikation in der Deutschen Nationalbibliografie; detaillierte bibliografische Daten sind im Internet über <http://dnb.d-nb.de> abrufbar.
ISBN 978-3-87548-462-5

3., unveränderte Auflage

 Druck: Strauss, Mörlenbach. Bindung: Schaumann, Darmstadt. Werkdruckpapier: alterungsbeständig nach ANSI-Norm resp. DIN-ISO 9706, hergestellt aus 100% chlorfrei gebleichtem Zellstoff. Printed in Germany. *www.buske.de*

INHALTSVERZEICHNIS

VORWORT

In Indien werden mehr als 400 Sprachen gesprochen, von denen inzwischen 18 von der Verfassung als Amtssprachen anerkannt sind, wenngleich teils nur für einzelne Regionen: Die indoarischen Sprachen Assamesisch, Bengalī, Gujarātī, Hindī, Kaśmīrī, Koṅkanī, Marāṭhī, Nepālī, Oṛiyā, Puñjābī, Sanskrit, Sindhī und Urdū; die dravidischen Sprachen Kannaḍa, Malayāḷam, Tamil und Telugu sowie die tibetoburmanische Manipuri. Sie werden mit verschiedenen Schriften fixiert, die jedoch alle auf einen gemeinsamen Ursprung zurückgehen, auf die Brāhmī des Kaisers Aśoka. Aus ihr hat sich auch die Devanāgarī entwickelt, mit der mehrere Sprachen geschrieben werden: Hindī, Marāṭhī, Nepālī und Sanskrit.

Der vorliegende Band gibt zunächst eine kurze Einleitung in die Entwicklung der indischen Schriften. Dann führt er in die Grundprinzipien der Devanāgarī ein und bietet im Anschluß daran eine ausführliche Schreibanleitung für jedes einzelne Zeichen mit Hinweisen zur Aussprache. Im Vordergrund steht zwar die Schrift und nicht die Sprache, in einigen Fällen muß jedoch auf den Sprachwandel vom Altindischen zum Neuindischen hingewiesen werden, da sich die unterschiedliche Aussprache einzelner Zeichen oder Zeichenfolgen nur so erklären läßt.

Um die Zeichen der Devanāgarī zu erlernen, sind keinerlei Vorkenntnisse erforderlich. Wer den Band durchgearbeitet hat, sollte in der Lage sein, in Devanāgarī geschriebene Texte zu lesen und die Zeichen zu schreiben.

Jedes Zeichen wird auf einer Seite vorgestellt, die stets nach dem gleichen Schema aufgebaut ist: Zunächst werden das Devanāgarī-Zeichen, sein Lautwert in der Lautschrift und seine Transliteration in lateinischen Buchstaben gegeben. Darauf folgt die eigentliche Schreibanleitung. Pfeile markieren die Strichfolge des Zeichens, anschließend wird es aus seinen Bestandteilen aufgebaut, um die einzelnen Schritte des Schreibens zu verdeutlichen. Auch Schreibvarianten werden auf die gleiche Weise erläutert. Es folgen Bemerkungen zur Aussprache. Am Ende werden für jede der vier Sprachen drei Wortbeispiele gegeben, mit deren Hilfe das Lesen und Schreiben geübt werden können. Natürlich wird man bei den Beispielen anfangs nur die schon bekannten Zeichen erkennen, ohne gleich das ganze Wort lesen zu können. Die Beispiele bauen jedoch aufeinander auf und sind so gewählt, daß darin möglichst viele der bereits eingeführten Zeichen vorkommen.

Ligaturen, also die zu einem Zeichen verbundenen Konsonanten, sind nur auf den ersten Blick kompliziert zu lesen und zu schreiben. Wer die einzelnen Zeichen beherrscht, wird auch die Ligaturen in ihre Bestandteile zerlegen und bald leicht lesen können.

Die wenigen grammatikalischen Fachausdrücke sind nur im Sanskrit, nicht in den modernen Sprachen genannt.

TRANSLITERATION

Die Devanāgarī-Schrift wird in die lateinische umgesetzt mit einem System, das Standard für die Transliteration indoarischer Sprachen geworden ist:

1. Lange Vokale unterscheiden sich durch einen Querstrich darüber von den kurzen (*ā, ī, ū, ṝ, ḹ* im Gegensatz zu *a, i, u, ṛ, ḷ*).
2. *ṛ* und *ḷ* sind Vokale, im Gegensatz zu konsonantischem *r* und *l*.
3. Durch ein angefügtes *h* wird der Konsonant aspiriert (z. B. *kh, gh, ch* etc.)
4. *ṅa* ist der laryngale Nasal.
5. *ña* ist der palatale Nasal.
6. *ṭa, ṭha, ḍa, ḍha* und *ṇa* bilden die retroflexe Reihe. Dazu gehört auch der retroflexe Zischlaut *ṣa*. Nur noch im Veda gibt es ein retroflexes *ḷa*, das auch durch einen Punkt unter dem Zeichen in die lateinische Schrift transliteriert wird. *ṛa* und *ṛha* sind retroflexe Konsonanten des Hindī-Alphabets.
7. *śa* ist der palatale Zischlaut.
8. *ca* und *ja* sind der nichtaspirierte Stimmlose und Stimmhafte der palatalen Reihe. *cha* und *jha* sind ihre aspirierten Entsprechungen.
9. Die Transliteration von Anusvāra geschieht in den verschiedenen Texten und Lexika unterschiedlich:
   - Durchweg mit *ṁ* (auf diese Weise wird im vorliegenden Text transliteriert).
   - Mit *ṁ* für einen Nasal und *ṉ* für den echten Nasallaut.
   - Mit dem Zeichen des Nasals, für welches der Anusvāra steht.
   - Steht der Anusvāra vor den Halbvokalen, erscheint er auch als *y* vor *ya*, als *l* vor *la* und als *v* vor *ra* und *va*, vor den Zischlauten und dem Hauchlaut als *v*.
10. Anunāsika bzw. Candrabindu wird meist mit Tilde über dem nasalierten Vokal transliteriert (so auch im vorliegenden Text). Es werden aber auch die Transliterationsregeln des Anusvāra angewendet.
11. Visarga wird mit *ḥ* transliteriert.
12. *k̲h̲a* und *g̲a* stehen für die laryngalen Zischlaute, *fa* für den labialen Zischlaut und *za* für den dentalen Zischlaut (kommt nicht im Sanskrit vor).
13. *qa* ist ein laryngaler, mit dem Halszäpfchen gebildeter Verschlußlaut (kommt nicht im Sanskrit vor).

I. ZUR ENTWICKLUNG DER INDISCHEN SCHRIFTEN

Die Sprachen und Dialekte auf dem indischen Subkontinent gehören zu vier nicht miteinander verwandten Familien: es gibt indoarische, dravidische, austroasiatische und tibetoburmanische Sprachen. Ihre schriftliche Fixierung ist nicht einheitlich, jedoch lassen sich fast alle Schriften auf einen gemeinsamen Ursprung zurückführen: die Brahmī. Sie gilt als Ahn aller frühen und auch noch heute gebräuchlichen indischen Schriften. Ausnahmen sind die arabische Schrift des Urdū (Sprache vieler Muslime auf dem indischen Subkontinent, Staatssprache Pakistans) und die lateinische Schrift der an Teilen der Südwestküste beheimateten Sprache Koṅkaṇī.[1]

Die ersten Schriftzeugnisse auf dem indischen Subkontinent stammen aus den Induskulturen, welche in die Zeit um 2500 v. Chr. datiert werden: Auf Siegel, Terrakotta- oder Kupfertäfelchen, Töpferwaren und anderen Objekten, die um Harappa und Mohendjo Daro im heutigen Pakistan und um Lothal in Gujarat gefunden wurden, finden sich Symbole oder Zeichen. Mit dem Untergang der Induskulturen verschwand auch ihre Schrift, ohne in einer anderen offensichtliche Spuren zu hinterlassen. Bis heute konnte sie nicht entziffert werden. Aus der nachfolgenden vedischen Periode Indiens gibt es keine Schriftzeugnisse.

Erst im 3. Jh. v. Ch. finden sich Inschriften, die im Auftrag des Maurya-Kaisers Aśoka (ca. 274/272 - 236/230 v. Chr.) erstellt wurden. Auf Felsen und Säulen sind seine Edikte in verschiedenen Schriften eingemeißelt: Aramäisch, Kharoṣṭhī und Brāhmī. Im heutigen Afghanistan sind sie sogar in griechischer Schrift in den Fels gehauen. Aśokas Edikte hat man, mit Ausnahme des äußersten Südens, auf dem gesamten Subkontinent gefunden.

Die aramäische Schrift geht auf die Achämeniden zurück, die um 518 v. Chr. unter Dareios I. ihr Reich bis zum Indus ausdehnten. Den letzten achämenidischen Herrscher, Dareios III., unterwarf Alexander der Große 331 v. Chr. in der Schlacht von Gaugamela. Die aramäische Schrift ist, wie alle semitischen Schriften, linksläufig und schreibt nur die Konsonantenzeichen. Sie war vielleicht die erste Schrift überhaupt, die aus dem Westen auf den indischen Subkontinent kam. Schon in der Zeit Aśokas verlor sie dort immer mehr an Bedeutung, weil man in Indien mit der Entwicklung eigener Schriften begann. Doch sie wirkte trotzdem insofern noch länger nach, als sie zweifelsohne das Vorbild für eine dritte Schrift war, die auch in den Inschriften des Aśoka zur Anwendung kam, die Kharoṣṭhī. Diese linksläufige Schrift war bis ins 5. Jh. in Nordwest-Indien in Gebrauch, in Zentralasien wurden noch Dokumente in Kharoṣṭhī aus späterer Zeit gefunden.

[1] Koṅkaṇī, benannt nach dem Herrschaftsgeschlecht Koṅkaṇa, entwickelte sich erst unter portugiesischer Herrschaft von einem Marāṭhīdialekt zur Schriftsprache, was ihre Schreibung mit lateinischen Buchstaben erklärt. Daneben wird sie auch in kanaresischer Schrift geschrieben.

Die griechische Schrift kam spätestens mit Alexander auf seinem großen Feldzug 327 - 325 v. Chr. nach Indien. Doch auch schon vor dem bedeutenden Makedonen besuchten Griechen den indischen Subkontinent, die mit großer Wahrscheinlichkeit indische Gelehrte über die griechische Schrift informierten.

A. *Die Brāhmī des Kaisers Aśoka*

Für die Schriftlichkeit in Indien erweist sich aber die vierte Schrift der Inschriften des Aśoka als die wichtigste: die Brāhmī. Sie gilt als Ursprung der meisten indischen Schriften des Subkontinents.

Bei der Brāhmī handelt es sich um eine rechtsläufige Schrift, die seit der Zeit Aśokas eine stete Weiterentwicklung erfuhr. Ursprünglich fixierte die Brāhmī-Schrift verschiedene mittelindische Dialekte (Prākrits), in denen Aśoka seine Inschriften verfaßte. Dann wurden in dieser Schrift auch Texte in der Literatursprache Sanskrit niedergeschrieben.

Die Brāhmī ist eine syllabische Schrift, in der eine Silbe als Schrifteinheit gilt. Der konsonantischen Silbe geht der Konsonant voraus, dem der nachfolgende Vokal inbegriffen ist. Das auf einen Konsonanten folgende gesprochene *a* wird nicht geschrieben, es ist dem Konsonantenzeichen inhärent. Sogenannte Ligaturen verbinden Zeichen miteinander. Zwischen konsonantischen Zeichen, die in einer Ligatur miteinander verbunden sind, wird das dem Zeichen inhärente *a* nicht gesprochen. Alle aus der Brāhmī hervorgegangenen Schriften behalten diese Eigenarten weitgehend bei.

Die Alphabetreihe ist nicht willkürlich gestaltet, sondern nach phonologischen Gesichtspunkten geordnet. Sie wird mit den Zeichen für die Vokale eröffnet: *a*, *ā*, *i*, *ī*, *u*, *ū*, *ṛ*, *ṝ*, *ḷ*, *ḹ* auf welche die Diphthongzeichen für *e* (*a* oder *ā* verstärkt mit *i* oder *ī*), *ai* (*a* oder *ā* verstärkt mit *e*), *o* (*a* oder *ā* verstärkt mit *u* oder *ū*), *au* (*a* oder *ā* verstärkt mit *o*) folgen. Daran schließen sich die Konsonantenzeichen an mit dem inhärenten kurzen *a* und zwar in der Reihenfolge, wie sie im Ansatzrohr von hinten nach vorne artikuliert werden: Laryngale, Palatale, Retroflexe, Dentale, Labiale (siehe auch Tafel S. 10). Die Zeichen jeder dieser Gruppen wiederum sind geordnet in stimmlos unaspiriert, stimmlos aspiriert, stimmhaft unaspiriert und stimmhaft aspiriert, mit dem Klassennasal abschließend: Laryngale: *ka*, *kha*, *ga*, *gha*, *ṅa*; Palatale: *ca*, *cha*, *ja*, *jha*, *ña*; Retroflexe: *ṭa*, *ṭha*, *ḍa ḍha*, *ṇa*; Dentale: *ta*, *tha*, *da*, *dha*, *na*; Labiale: *pa*, *pha*, *ba*, *bha*, *ma*. Die Alphabetreihe wird fortgesetzt mit den Halbvokalen *ya*, *ra*, *la*, *va*, den Sibilanten *śa*, *ṣa*, *sa* (auch bei der Anordnung von Halbvokalen und Sibilanten wird die phonologische Reihenfolge eingehalten) und endet mit dem Hauchlaut *ha*. Dieses Ordnungsprinzip scheint zugleich mit der Schrift in Indien entwickelt worden zu sein.[2]

Die Herkunft der Brāhmī konnte bisher nicht eindeutig geklärt werden. Es gibt verschiedene Theorien, die von Einflüssen aus nichtindischen Schriften oder von

[2] S. v. Hinüber, S. 17f.

einer eigenständigen indischen Entwicklung ausgehen.[3] Die Brāhmī ist vor den Aśokainschriften nicht belegt. Lange wurde vermutet, daß sie schon existierte, bevor sie von den Schreibern Aśokas in die Felsen gemeißelt wurde. Die Edikte selbst lassen jedoch eher das Gegenteil vermuten: Anhand ihrer Datierung läßt sich nämlich eine deutliche Entwicklung von den früheren zu den späteren hin ausmachen. Das spricht dafür, als sei sie überhaupt erst zu diesem Zwecke geschaffen worden.[4]

Schon wenige Jahrhunderte nach Aśoka, zur Zeit der Kuśānaherrscher (1. - 3. Jh.), werden dann auch regionale Unterschiede im Schriftbild deutlich. Ab dem 4. Jh. lassen sich südindische Inschriften von den nordindischen Typen unterscheiden, was vor allem mit der Verwendung verschiedener Schreibgeräte zusammenhängt: Weil man im Süden mit Metallstiften oder Griffeln die Zeichen auf Palmblätter einritzte, ergab sich dort eine stark gerundete Form der Schrift mit ausgeprägten Wellenlinien und Verschleifungen. So bestand keine Gefahr, Zeichenteile in den Blattadern verlaufen zu lassen, wodurch sie schlecht lesbar geworden wären. Im Norden dagegen gebrauchten die Schreiber verhältnismäßig breite Federn. Dadurch ergaben sich dicke und dünne Linien mit ihren Übergängen bei der Linienführung von Nord nach West und Süd nach Ost. In der Folge differenzieren sich aus dem nördlichen und südlichen Typus weitere Varianten. Die daraus entstandenen Schriften unterscheiden sich so stark, daß sie eigens erlernt werden müssen.

Daß aus der Brāhmī so unterschiedliche Schriftarten entstanden, ist neben dem schreibtechnischen auch vor einem politischen Hintergrund zu sehen: Der Maurya-Kaiser Aśoka bezwang die Herrscher regionaler Fürstentümer und einte damit das Reich erstmals für eine kurze Zeit, ausgenommen ein Teil im äußersten Süden. Nach seinem Tod aber zerfiel dieses Imperium wieder in größere und kleinere Herrschaftsgebiete. Mit dem Schwinden der Zentralmacht gab es keine Instanz mehr, die eine einheitliche Schrift hätte durchsetzen können. Aus jüngerer Zeit ist ein Beispiel dafür bekannt, daß eine neue Schrift nicht zufällig entsteht, sondern aus politischen Gründen geschaffen wird: Im 17. Jh. entwickelte ein Minister des Marathenführers Śivaji eine eigene Schrift. Damit sollte offenbar das entstehende Nationalbewußtsein der Marathen gefördert werden.

Wenngleich die Brāhmī zunächst konstruiert wurde, um die Aśoka-Prākrits zu verbreiten, zielte ihre Entwicklung darauf ab, auch andere Sprachen fixieren zu können. Als Folge davon wurde die Alphabetreihe erweitert. Die späteren nord- und südindischen Varianten schreiben Sprachen der indoeuropäischen und dravidischen Familien, für die jeweils alle Laute im Alphabet ihrer Schriften vorhanden und dementsprechend entwickelt sein müssen. Auf politische Gründe wiederum zurückzuführen ist die Erweiterung der Alphabetreihen in jüngerer Zeit, als Laute niedergeschrieben werden, die ursprünglich in den indischen Sprachen nicht vor-

[3] Sämtliche Theorien zum Ursprung der Brāhmī sind zusammengestellt bei Falk, S. 109 - 167.

[4] Dies ist auch der letzte Forschungsstand. Da in einigen Felsedikten steht, die Texte sollte man „Hören lassen", ist es durchaus möglich, daß die Schrift außer wenigen Lese- und Schreibkundigen niemandem bekannt war, weil sie erst neu geschaffen wurde. S. Falk, S. 339.

kamen: Bedingt durch die Invasion islamischer Herrscher ab dem 12. Jh. sind arabisch-persische Wörter mit bis dahin den indischen Sprachen fremden Lauten aufgenommen worden. In der Kolonialzeit kamen portugiesische und englische Worte zum Sprachschatz, auch sie mit für die indischen Sprachen unüblichen Lauten. Manchmal sind diese durch diakritische Zeichen oder durch Ligaturen vertreten, in einigen Fällen wurde das Alphabet durch neue Zeichen erweitert, und vereinzelt sind die Klänge der fremden Sprachen auch ignoriert worden.

Die heute verwendeten Schriften sind zumeist nur für eine Sprache zuständig und sind dann auch nach ihr benannt. Doch gibt es Ausnahmen wie die nordindische Devanāgarī-Schrift, die mehrere Sprachen fixiert und nach keiner von ihnen benannt ist. Wie sich die Schriften aus der Brāhmī des Kaisers Aśoka entwickelt haben, sei im folgenden grob skizziert.

B. *Schriftentwicklung im Süden*

<table>
<tr><td colspan="3">älteste Form der Brāhmī (3. Jh. v. Chr.)
↙ ↘</td></tr>
<tr><td>Kadamba-, Cālukyainschriften (5. - 7. Jh.)
↓</td><td colspan="2">Pallava-, Coḷa-, Pāṇḍyainschriften
(= Grantha-Typus, 5. - 7. Jh.)
↙ ↘</td></tr>
<tr><td>Altkanaresisch (10. Jh.)
↓</td><td>östliche Grantha
(12. Jh.)
↓</td><td>westliche Grantha
(12. Jh.)
↓</td></tr>
<tr><td>Telugu, Kanaresisch (ab 1500)</td><td>Tamil</td><td>Malayāḷam</td></tr>
</table>

Im Süden Indiens werden vorwiegend Sprachen aus der dravidischen Sprachfamilie gesprochen. Die wichtigsten sind Telugu (etwa 68 Millionen Sprecher), Kannaḍa oder Kanaresisch (etwa 35 Millionen Sprecher), Tamil (etwa 60 Millionen Sprecher) und Malayāḷam (etwa 35 Millionen Sprecher). Diese vier Sprachen werden jeweils in vier unterschiedlichen Schriften fixiert, die nach den Sprachen benannt sind, die sie schreiben. Die Telugu-Schrift ist der Kannaḍa-Schrift ähnlich. Auch sie entwickelten sich aus der alten Brāhmī: Die Telugu- und Kannaḍa-Schrift entstehen über Zwischenstufen, wie sie aus Inschriften der Kadamba- und Cālukyadynastien des 5. - 7. Jh. bekannt sind, und über die Altkanaresische Schrift des 10. Jh. Aus Inschriften der Pallava-, Coḷa- und Pāṇḍyaherrscher bildeten sich im 12. Jh. die östliche und westliche Grantha. Aus der östlichen entsteht die Tamil-Schrift, aus der westlichen die Malayāḷam-Schrift. Die singhalesische Schrift ist die einzige südindische Variante der Brāhmī, die eine indoarische Sprache, das Singhalesische, festhält. Sie entwickelte sich aus der südindischen Brāhmī der Pallava-Zeit (5. - 7. Jh.). Die Insellage mag für die eigenständige Entwicklung verantwortlich gewesen sein. Schon im 14. Jh. sah die singhalesische Schrift der heutigen sehr ähnlich.

C. *Schriftentwicklung im Norden*

<table>
<tr><td colspan="3">älteste Form der Brāhmī (3. Jh. v. Chr.)
↓</td></tr>
<tr><td colspan="3">Gupta-Schrift (4./5. Jh.)
↙ ↘</td></tr>
<tr><td colspan="2">Siddhamātṛkā oder Kuṭila-Schrift (6. - 10. Jh.)
↙ ↘</td><td>Śāradā-Schrift (6. - 10. Jh.)
↓</td></tr>
<tr><td>frühe bengalische Schrift
↓
bengalische Schrift (17. Jh.)
assamesische Schrift (19. Jh.)
Maithilī-Schrift
Oṛiyā-Schrift</td><td>frühe Devanāgarī
↓
Devanāgarī
Kaithī-Schrift
Moḍī-Schrift (17. Jh.)
Gujarātī-Schrift</td><td>Laṇḍā-Schnellschrift
Gurmukhī-Schrift (17. Jh.)</td></tr>
</table>

Im Norden des indischen Subkontinents werden vorwiegend indoarische Sprachen gesprochen. Davon sind die Sprachen Sindhī, Gujarātī, Hindī, Marāṭhī, Oṛiyā, Bengālī, Assamesisch, Nepālī und Puñjābī am weitesten verbreitet und zusammen mit Urdū von der indischen Verfassung als Regionalsprachen anerkannt. Auch sie sind teils mit verschiedenen Schriften fixiert. Die Schriftentwicklung im Norden des indischen Subkontinents vollzog sich von der Aśoka-Brāhmī zu den heute gebräuchlichen Schriften zunächst über die Inschriften der Guptas. Das ist der Name eines mächtigen Herrschergeschlechts, welches zwischen 320 und 500 im Norden Indiens regierte. Die Gupta-Schrift brachte im 6. - 10. Jhr. zwei bedeutende Varianten hervor: die Siddhamātṛkā- oder Kuṭila-Schrift im Zentrum des Subkontinents und die sogenannte Śāradā-Schrift, die vor allem in Kashmir gebraucht wurde. Aus beiden entwickelten sich wiederum neue Schriften.

Die Siddhamātṛkā- oder Kuṭila-Schrift erhält ihren ersten Namen von dem Alphabet, das sie schreibt, den zweiten von der besonders auffallend verlaufenden Form der Ober- und Unterlängen (*kuṭila* = krumm, gebogen). Die frühe bengalische Schrift und die frühe Devanāgarī oder kurz Nāgarī[5] sind Varianten der Siddhamātṛkā-Schrift. Beide sind Grundlagen für die heute gebrauchten Schriften: Die bengalische Schrift, welche die gleichnamige Sprache fixiert, entspricht der assamesischen Schrift, die zur Schreibung des Assamesischen nur zwei Zeichen mehr in ihrem Alphabet führt. Die Maithilī-Schrift schreibt die gleichnamige Sprache, die in Indien hauptsächlich in Bihar und in Nepāl gesprochen wird. Die Oṛiyā-Schrift, nach der vor allem in Orissa gebrauchten Sprache Oṛiyā benannt, hat ein ganz anderes Erscheinungsbild, obwohl auch sie eine späte Variante der frühen bengalischen Schrift darstellt. Von der frühen Devanāgarī gibt es die weiterentwickelte, heute für die Sprachen Hindī, Marāṭhī und Nepālī gebrauchte Form. Zwei weitere Differenzierungen sind die Kaithī-Schrift zur Schreibung der

[5] Im folgenden Text: Devanāgarī.

Sprache Bhojpurī und die Moḍī-Schrift, die im 17. Jh. ein Minister des Marathenführers Śivaji als Variante für die Sprache Marāṭhī einführte. Die Gujarātī-Schrift schreibt die gleichnamige Sprache.

Die Śāradā-Schrift, zweite Variante der Gupta-Schrift, ist zur Laṇḍā-Schnellschrift weiterentwickelt worden. Vor allem Kaufleute des Punjab und Sind haben sie für die West-Punjab-Sprache Sirāikī benutzt. Sie eignete sich zum schnellen Schreiben, da nicht alle Vokale geschrieben werden und etliche Zeichen in verschiedener Weise eingesetzt werden können. Aus ihr entstand im 17. Jh. die Gurmukhī-Schrift, welche in Indien die Sprache Puñjābī schreibt. Auch im heutigen Pakistan gibt es Puñjābī-Sprecher, sie jedoch benutzen die arabische Schrift.

Indische Sprachen[6]

[6] Jost Gippert, 1993 - 1999.

II. DIE DEVANĀGARĪ

A. *Allgemeines*

1. Verwendung, Name

Unter den indischen Schriften ist die Devanāgarī besonders weit verbreitet. Sie schreibt die altindischen Sprachen Vedisch und Sanskrit, und sie ist die offizielle Schrift für die neuindoarischen Sprachen Hindī, Marāṭhī und Nepālī. Vedisch bezeichnet die älteste überlieferte indoarische Sprache, in der das vedische Textkorpus tradiert ist. Dazu zählen die bis gegen Ende des 2. Jahrtausends v. Chr. abgefaßten vier Vedas, sowie Beschreibungen und Deutungen von Opferhandlungen (Brāhmaṇas), Bücher über Opfermystik (Āraṇyakas) und über philosophische Themen (Upaniṣads) und die Sūtra-Texte der vedischen Hilfswissenschaften (Ritualehre, Astronomie, Phonetik, Metrik, Grammatik, Etymologie), die bis zur Mitte des ersten vorchristlichen Jahrtausends entstanden. Aus der vedischen Sprache hat sich Sanskrit entwickelt, wobei sich die Veränderung vor allem grammatikalisch niederschlug: der Formenreichtum des Vedischen wurde im Sanskrit sehr reduziert. Seit dem 5. Jh. v. Chr. gilt Sanskrit als Literatursprache, in der die beiden Epen Mahābhārata und Rāmāyāṇa und die Purāṇas (Sammlung von Mythen, in denen unterschiedliche Götter im Mittelpunkt stehen) verfaßt sind. Ihre Entstehungszeit läßt sich nicht genau festlegen, doch dürften sie in ihrer heutigen Form Mitte des ersten nachchristlichen Jahrtausends festgestanden haben. Unter den zahlreichen Dichtern, die in Sanskrit ihre Werke verfaßt haben, sind vor allem zu erwähnen der vom Buddhismus geprägte Aśvaghoṣa (2. Jh. n. Chr.) und der am Hofe eines Guptaherrschers wirkende Kālidāsa (etwa 400 n. Chr.). In Sanskrit überliefert sind ferner philosophische und wissenschaftliche Texte; dazu zählen die Texte der „sechs philosophischen Systeme" (ab dem 1. Jt. n. Chr.), Grammatiken (Pāṇinis Grammatik des 5. Jh. v. Chr. ist die berühmteste), Texte zur Lexikographie (besonders weit verbreitet ist der Amarakoṣa aus dem 6. Jh. n. Chr.), Texte zur Metrik, Poetik und Ästhetik und zum Schauspiel. Ab dem 1. Jahrtausend unserer Zeitrechnung sind außerdem medizinische und naturwissenschaftliche Abhandlungen in Sanskrit tradiert, nicht zu vergessen die umfangreiche Literatur über die körperliche Liebe, deren berühmtestes, das Kāmasūtra des Vātsyāyana, aus dem 4. Jh. n. Chr. stammt. Staat und Gesellschaft wurden ebenso in der Sanskritliteratur abgehandelt und der bekannteste Text dazu ist das Arthaśāstra des Kauṭalya, dessen Schaffenszeit man nicht genau kennt, die aber sicherlich entgegen ersten Vermutungen erst nach der Herrschaft des Maurya Candragupta im 4. Jh. v. Chr. war. Auch heute noch werden Bücher in Sanskrit geschrieben. Vedische Texte und Sanskrittexte werden in Indien auch mit anderen Schriften geschrieben, je nachdem in welchem Teil des Landes sie verbreitet werden sollen. Man benutzt dann die Schrift, die in der Region üblich ist.

Von über einer Milliarde Einwohnern Indiens sprechen 25 % dravidische und etwa 2 % austroasiatische und tibetoburmanische Sprachen, nahezu drei Viertel der Bevölkerung sprechen indoarische Sprachen. Etwa 350 Millionen Menschen benutzen Hindī. Viele von ihnen leben in Nordindien, in Delhi und in den Bundesstaaten Haryana, Uttar Pradesh, Rajasthan, Punjab, Madhya Pradesh, Chhatisgarh, Nord Bihar, Jharkhand, Himachal Pradesh und Uttaranchal. Hindī liegt damit zahlenmäßig in Indien an erster Stelle und ist die wichtigste Schriftsprache Indiens. Nach Chinesisch und Spanisch ist sie die meist gesprochene Sprache der Welt. In Maharashtra und den angrenzenden Bundesstaaten sprechen etwa 65 Millionen Menschen Marāṭhī. In Nepal (Staatssprache), sowie in Teilen von Sikkim, Bhutan und Teilen Indiens gebrauchen etwa 16 Millionen Menschen Nepālī. Außerhalb von Südasien sprechen Millionen von Auswanderern diese Sprachen.

Ursprung und Bedeutung des Namens Devanāgarī oder Nāgarī sind unklar. Es bedeutet die „göttlich Städtische" (Devanāgarī; von *deva* = Gott, *nagar* = Stadt) oder die „Städtische" (Nāgarī; von *nagar* = Stadt). Im Marāṭhī und Hindī heißt sie auch „diejenige, die Kinder verstehen" (*bālbodh* f.), was darauf hindeuten will, daß sie „kinderleicht" zu erlernen sei.

2. Das Inventar der Devanāgarī

Wie die Brāhmī ist auch die Devanāgarī eine syllabische Schrift. Als Schrifteinheit gilt eine Silbe und nicht der einzelne Laut. Eine Silbe wird dementsprechend mit einem Silbenzeichen geschrieben. In der konsonantischen Silbe geht der Konsonant dem Vokal voraus. Wird in einer solchen Silbe nach dem Konsonanten der kurze Vokal *a* gesprochen, braucht er nicht geschrieben zu werden, weil er dem konsonantischen Silbenzeichen bereits inbegriffen ist. Für die Fixierung einer Sprache ergeben sich daraus einige Regeln:

Folgen in einer Silbe zwei Konsonanten unmittelbar aufeinander, so werden sie als Ligatur geschrieben. Das Ligaturzeichen gibt an, daß zwischen ihren Konsonanten kein *a* gesprochen wird.

Endet eine Silbe mit einem Konsonanten, muß man auch bei ihrer Schreibung deutlich machen, daß das *a*, welches ansonsten dem Konsonantenzeichen inbegriffen ist, nicht gesprochen wird. Dies geschieht durch einen Schrägstrich rechts unterhalb des Konsonantenzeichens.

Wird nach dem Konsonanten ein anderer Vokal als a gesprochen, muß der durch eine Zeichen am Konsonanten geschrieben sein. Dies geschieht für jeden Vokal durch eine dem Konsonantenzeichen angehängte Vokalbezeichnung.

Wenn kein Konsonant vorausgeht, wird der Vokal durch ein Vokalzeichen geschrieben, das sich von der Vokalbezeichnung unterscheidet.

Aus metrischen Gründen werden die Silben in „schwere" und „leichte" unterschieden. „Schwer" ist eine Silbe, wenn ihr Vokal lang ist (siehe Vokale), oder wenn auf ihren Vokal mehr als ein Konsonant (d. i. eine Ligatur) folgt.

Jedes Silbenzeichen wird als Schrifteinheit zusammengefaßt mit einem Querstrich, der über dem Hauptbestandteil des Zeichens sitzt, aber unter einigen Vokalbezeichnungen. Beispiel: pū पू, gni ग्नि. Die Zeichen sehen deswegen aus wie Wäschestücke, die an einer Leine aufgehängt sind, wobei scheinbar einige Teile nach oben flattern. Beispiel: आदित्याश्च ह वा अङ्गिरसश्च स्वर्गे लोके ऽस्पर्धन्त। वयं पूर्व एष्यामो वयमिति। ते हाङ्गिरसः पूर्वे श्वःसुत्यां स्वर्गस्य लोकस्य ददृशुः। ते ऽग्निं प्रजिध्युः। अङ्गिरसां वा एको ऽग्निः।

Die schriftliche Umsetzung der altindischen Sprachen geschieht ausnahmslos nach eben diesen Regeln. Von der vedischen Sprache an bis zu Hindī, Marāṭhī und Nepālī unterlagen die indoarischen Sprachen aber einem Wandel. In den heute gebrauchten Sprachen wird deshalb das *a* der konsonantischen Silbe, welches üblicherweise im Schriftzeichen inbegriffen ist, nicht mehr in jedem Falle gesprochen. Jedoch wird das in der Schrift nicht unbedingt kenntlich gemacht. Beispielsweise wird das Sanskrit-Wort für „Buch", das auch das Hindī kennt, in beiden Sprachen auf die gleiche Weise geschrieben: पुस्तक. Ausgesprochen wird es aber im Sanskrit *pustaka*, im Hindī *pustak*, ohne daß auf das letzte Konsonantenzeichen ein untergesetzter Schrägstrich folgt, der andeutet, daß das *a* nicht gesprochen wird.

a) *Anordnung der Silbenzeichen*

(Sanskrit: *varṇamālā* f. वर्णमाला)

Die Silbenzeichen der Devanāgarī (देवनागरी) folgen dem gleichen phonologischen Ordnungsprinzip wie die Zeichen der Brāhmī. Dieses Ordnungsprinzip haben die indischen Phonetiker entwickelt, indem sie zwei grundsätzlichen Überlegungen folgten. Zunächst unterschieden sie die Silben des Alphabets in Vokale und Konsonanten. Auf die einfachen Vokale folgen die Diphthonge. Die Konsonanten wiederum unterschieden sie in drei Gruppen:

1. Verschlußlaute bzw. Mutae und Nasale. Sie können nur mittels einer tatsächlichen Berührung der Artikulationsorgane ausgesprochen werden. Indische Grammatiker nennen sie aus diesem Grund sinnigerweise *sparśa* m. स्पर्श „Berührer" oder *vargīya* m. वर्गीय „ die zu einer Reihe gehören". Innerhalb der Verschlußlaute werden wiederum fünf Gruppen unterschieden. Die einheimischen Gelehrten nennen sie „Reihe" *varga* m. वर्ग. Alle fünf wechseln ab in der Reihenfolge mit einem stimmlos unaspirierten, stimmlos aspirierten, stimmhaft unaspirierten, stimmhaft aspirierten Konsonanten und enden mit dem jeweiligen Klassennasal.
2. Halbvokale (*antaḥstha* f. अन्तःस्थ, „zwischen [Mutae und Zischlauten] stehend"). Ein Halbvokal wird definiert als „Laut, der aufgrund relativer Geräuschhaftigkeit bei relativer Offenheit des Ansatzrohres weder voll den Vokalen noch den Konsonanten zugerechnet werden kann."[7] Die Definition gibt Auskunft über die Aussprache der Halbvokale: Das Artikulationsorgan bleibt

[7] Metzler Lexikon der Sprache, S. 248.

während der Aussprache der Halbvokale offener als bei der Aussprache der Konsonanten, aber geschlossener als bei der Aussprache der Vokale.

3. Zischlaute und ein Hauchlaut (*ūṣman* m. ऊष्मन् eigentl. „Hitze oder Dampf“)[8].

Die zweite Überlegung betrifft den Ort, wo der Laut artikuliert wird: Spricht man einen Vokal oder Konsonanten aus, so geschieht dies für jeden Laut an einer bestimmten Stelle des Ansatzrohres, der Hohlraum aus Rachen-, Mund- und Nasenraum. Jeder Laut hat demnach seinen Ort im Artikulationsorgan. Diesen Orten entsprechend reihten die indischen Phonetiker die Laute des Alphabets aneinander: In den Gruppen Vokale, Verschlußlaute, Halbvokale und Zischlaute führt der Laut die Reihe an, der im Ansatzrohr ganz hinten ausgesprochen wird. Die Reihe schließt mit dem Laut, der ganz vorne realisiert wird.[9]

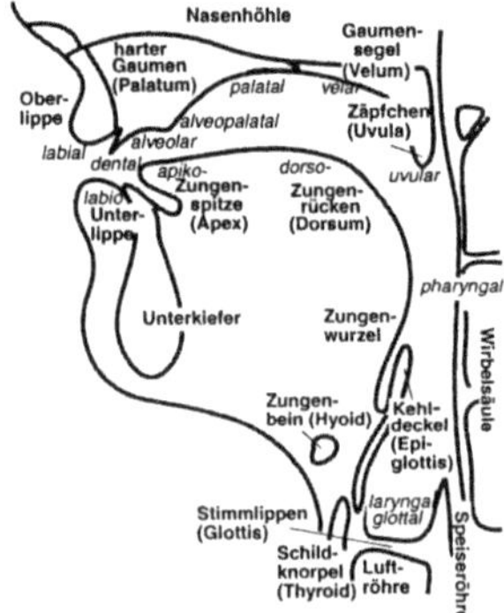

Artikulierende Organe und Artikulationsstellen[10]

Die 1. Reihe bilden die Laryngale: sie werden im hinteren Mund- und Rachenraum gebildet. Der Sanskrit-Begriff für diese Laute ist *kaṇṭhya* (कण्ठ्य „im Hals befindlich“) oder *jihvāmūlīya* (जिह्वामूलीय „zur Zungenwurzel gehörig“). 2. Es folgen die mit dem harten Gaumen und dem Zungenrücken gebildeten Palatale (*tālavya* तालव्य „den Gaumen betreffend“), 3. die Retroflexe, die ausgesprochen werden mit der zurückgebogenen Zungenspitze und dem harten Gaumen (*mūrdhanya* मूर्धन्य „im Schädel gebildet“). 4. Bei den Dentalen hat der Sprecher die Zungenspitze an den oberen Schneidezähnen (*dantya* दन्त्य „an den Zähnen entstehend“). 5. Die Labiale werden mit der Unterlippe und der Oberlippe gebildet (*dantauṣṭhya* दन्तौष्ठ्य „an Zähnen und Lippe entstehend“). Die schriftlichen Zeichen für die Laute folgen eben diesem Lautschema. Die gleiche Reihenfolge gibt auch die Anordnung der Wörter in Nachschlagewerken vor.

Eine Silbe oder ein Silbenzeichen heißen im Sanskrit *akṣara* n. अक्षर. Das Sanskrit-Wort für Laut und Zeichen ist *kāra* m. कार. „Der Laut a“ oder „das Zeichen a“ z. B. heißt *akāra* अकार, „der Laut ka“ oder das Zeichen ka“ heißt *kakāra*

[8] Die indischen Grammatiker verwenden die Bezeichnung *ūṣman* nicht einheitlich: Das Wort kann die drei Zischlaute und auch den Hauchlaut oder auch noch alle übrigen Laute bezeichnen (Whitney S.20).

[9] Einige wenige Laute werden von den Phonetikern unterschiedlich klassifiziert.

[10] Tafel aus Metzler Lexikon Sprache, S. 59.

ककार. Eine Ausnahme bildet *ra*: Dieser Laut und sein Zeichen heißen immer nur *ra* oder *repha* („Schnarrer“ रेफ).

Die Devanāgarī kennt keine Groß- und Kleinschreibung.

Von einigen Zeichen sind verschiedene Formen überliefert, die noch heute in Gebrauch sind. Lehnworte aus dem Persischen und Arabischen und aus dem Englischen erforderten die Aufnahme zusätzlicher Zeichen zur Schreibung der neuen Sprachen (Beispiel: क़ qa für einen Laut in persischen und arabischen Lehnworten, ॅ für das englische *o* in John). Andererseits werden durch den Sprachwandel obsolet gewordene Zeichen nur noch in Sanskritzitaten gebraucht (Beispiel: ळ ḷa).

b) *Vokale*

(Sanskrit: *svara* m. स्वर)

Bei den einfachen Vokalen werden entsprechend ihrer Aussprache kurze und lange unterschieden. Die indischen Phonetiker legten fest, daß die kurzen Vokale halb so lang ausgesprochen werden (eine More) wie die langen (zwei Moren). Es gibt Zeichen für die kurzen und die langen Vokale. *ā*, *ī*, *ū*, *ṝ* und *ḹ* sind Verdoppelungen ihrer entsprechenden kurzen Vokale. Die Diphthonge sind alle lang und gebildet aus der Vereinigung ungleicher Vokale. Nur im Altindischen, dort auch nur in wenigen Fällen, kommen Vokale mit der dreifachen Quantität eines kurzen Vokals vor. Diese sogenannten „auseinandergezogenen“ Vokale werden mit der Ziffer 3 nach dem Vokalzeichen bezeichnet (Beispiel: आ३ für ā3). Auch Diphthonge werden auseinandergezogen. Schreibt man sie, so setzt man hinter ihren ersten Bestandteil die Ziffer 3 (Beispiel: आ३इ für ā3i für e). Solche Silben mit der Länge von drei Moren kommen vor in Fragen und Anrufungen.

Die Vokale werden auf zwei verschiedene Arten geschrieben, je nachdem ob sie im Anlaut stehen oder nicht. Die Vokalzeichen, die am Anfang des Devanāgarī-Alphabets stehen, kommen nur vor, wenn der Vokal im Anlaut steht, oder wenn ihm ein anderer Vokal vorangeht. Folgt dem Konsonanten ein anderer Vokal als *a*, so wird dieser Vokal durch eine Vokalbezeichnung am Konsonantenzeichen geschrieben. Ein Beispiel, welches beide Fälle zeigt, findet sich in dem weiblichen Namen Indirā इन्दिरा. Zweimal erscheint der Vokal *i*. Im Anlaut wird i mit dem Vokalzeichen *i* इ geschrieben, innerhalb des Wortes, als Bestandteil der Silbe *ndi* न्दि mit der Vokalbezeichnung *i* ि.

c) *Konsonanten*

(Sanskrit: *vyañcana* n. व्यञ्जन)

Wenn den konsonantischen Silbenzeichen keine Vokalbezeichnung angehängt ist, enden die Silben mit einem gesprochenen *a*. Wird das *a* nach einem Konsonanten nicht gesprochen, folgt dem Silbenzeichen ein untergesetzter Schrägstrich ् (*Virāma* m.). Folgt dem Konsonanten ein anderer Vokal als *a*, wird er mit der entsprechenden Vokalbezeichnung verbunden. Folgen zwei oder mehrere Konsonanten hintereinander, ohne daß das *a* dazwischen gesprochen wird, werden sie in Form einer Ligatur (*saṁyuktākṣara* n. संयुक्ताक्षर) miteinander verbunden, die ihrerseits als Schrifteinheit gilt. In den Gegenwartssprachen wird das *a*, das den konsonantischen Silbenzeichen eigentlich inbegriffen ist, oft nicht mehr gesprochen. Im Zeichen für den Konsonanten ist das nicht immer durch einen Virāma vermerkt. Hierfür gibt es einige feste Regeln:

- Das *a* eines konsonantischen Silbenzeichens am Ende eines Wortes wird nicht gesprochen. Nur in der Nepālī gibt es eine Ausnahme: Dort wird das *a* eines Konsonanten am Ende eines Wortes auch gesprochen, wenn es sich bei dem Wort um einen „statischen Lokativ" handelt. So heißt *ghar* „das Haus, das Heim", *ghara* heißt „nach Hause". Beide Wörter werden aber genauso geschrieben घर, nur daß im ersten Fall das finale *a* nicht realisiert (wegen obiger Regel), im zweiten Fall wegen der lokativischen Bedeutung des Begriffs das *a* aber schon realisiert wird.
- Endet ein Wort mit einer Ligatur oder mit einem Konsonantenzeichen, dem ein Anusvāra folgt, hört man ein schwaches *a* der letzten Konsonantensilbe noch nachklingen.
- In einem viersilbigen Wort spricht man das *a* des zweiten und vierten (entsprechend 1. Regel)konsonantischen Silbenzeichens nicht. Der Sanskritbegriff für „Handfläche" beispielsweise wird gesprochen *karatala*. Das Hindī kennt das Wort auch und schreibt es wie im Sanskrit. Im Hindī wird es aber gesprochen *kartal*.

  Jeder Schlußvokal außer *a* gilt als eigene Silbe. Das Hindīwort für „Zimmer" ist demnach viersilbig und wird nach eben der Regel behandelt: nicht *kamarā*, sondern *kamrā*.
- Worte mit mehr als vier Silben sind zumeist Komposita. Für jedes Glied des Kompositums gelten die gleichen Regeln, wann das *a* des Konsonantenzeichens gesprochen wird und wann nicht. Beispiele: Sanskrit *lokapāla* „Weltenschützer" setzt sich zusammen aus *loka* „Welt" und *pāla* „Schützer". Im Hindī spricht man das gleiche Wort *lokpāl*.

d) *Sekundäre Lautzeichen*

(1) Nasallaute

In der Devanāgarī gibt es zwei Zeichen zur Fixierung der Nasallaute: Anusvāra und Anunāsika oder Candrabindu. Anusvāra erscheint als Punkt über dem Silbenzeichen, das er verändert. Beispiel: कं = kaṁ. Das Zeichen für den Anunāsika oder Candrabindu ist ein nach oben geöffneter Halbkreis mit einem Punkt in seiner Mitte. Beispiel: हूँ hū̃. Dieses Zeichen ist den meisten bekannt in der heiligen Silbe OM ॐ, die sich aus den Lauten *a*, *u* und *m* zusammensetzt, und damit die ganze Bandbreite der im Ansatzrohr von hinten nach vorne hervorgebrachten Laute in sich begreift.

Die Zeichen sind eine alternative Schreibung für die Nasalzeichen und werden geschrieben, wenn ein Konsonantenzeichen auf sie folgt. Sie ersetzen dann entweder die Zeichen *ṅ*, *ñ*, *ṇ*, *n* oder *m*. Je nachdem, welchen Nasal sie ersetzen, werden sie auch wie der ausgesprochen. Beispiel aus dem Sanskrit योगम् yogam > योगं च yogaṁ ca. Beispiele aus den Gegenwartssprachen: हेमंत hemaṁt

(Anusvāra ersetzt das dentale *n*) und हिन्दु hindu (das Vokalzeichen des dentalen *n* ist nicht durch sein sekundäres Lautzeichen ersetzt), पाञ्च pāñc oder पाँच pāṁc bzw. pā̃c.

Ferner nasalieren Anusvāra und Anunāsika oder Candrabindu einen Vokal. Aus schreibtechnischen Gründen werden Anunāsika oder Candrabindu nicht geschrieben, wenn die Silbe eine Vokalbezeichnung hat, die über dem waagrechten Querstrich des Zeichen steht. Der nach oben geöffnete Halbkreis des Zeichens für den Anunāsika oder Candrabindu würden sich dann nämlich mit der Vokalbezeichnung überschneiden. In diesem Falle benutzt man nur Anusvāra. Beispiele: में = mẽ aber हाँ oder हां = hā̃.

Im Altindischen kommt Anunāsika nur in Verbindung mit *l* ल्ँ vor, um nasaliertes *l* anzugeben. Beispiel: तान् लोकान् tān lokān > ताल्ँलोकान् tāl̃ lokān.

In den drei Sprachen Hindī, Marāṭhī und Nepālī werden diese beiden Zeichen unterschiedlich häufig als Alternativen für die Nasalzeichen eingesetzt. Wenn es auch keine einheitliche Regel dafür gibt, wann Anusvāra und Anunāsika oder Candrabindu die Nasalzeichen vor Konsonanten ersetzen sollen, läßt sich feststellen, daß Hindī und Marāṭhī anstatt der Nasalzeichen meist Anusvāra und Candrabindu einsetzen, im Nepālī dagegen überwiegt die Tendenz, die Nasalzeichen selbst zu schreiben.

Unterschiede in der Schreibung und der Aussprache dieser sekundären Lautzeichen gibt es im Marāṭhī, wo der Anusvāra im geschriebenen Wort nur dazu dient, die etymologische Herkunft eines Wortes zu zeigen, gesprochen wird es nicht. Beispiel: नाव = nāv und नांव = nā̃v, wird aber beides nāv gesprochen.

(2) Visarga

Beim Visarga handelt es sich um das Zeichen für den tonlosen Hauch. Er findet sich meist - aber nicht ausschließlich - am Ende eines Wortes. Beispiel: अश्वः aśvaḥ oder दुःख duḥkha.

Im Nepālī erscheint Visarga nur in Sanskritlehnwörtern und wird nicht gesprochen.

(3) Weitere

Lehn- und Fremdworte im Hindī erfordern die Fixierung von Lauten, die das Devanāgarī-Alphabet ursprünglich nicht vorgesehen hat. Um im Hindī das englische *o* (wie z. B. in John oder chocolate) zu fixieren, wird das Zeichen ॅ über ein langes *ā* geschrieben. Beispiel: जॉन (John).

e) *Virāma*

Um anzudeuten, daß in einer konsonantischen Silbe das *a* nicht gesprochen wird, das ihr inbegriffen ist, wird ein Schrägstrich rechts unter das Silbenzeichen gesetzt. Diesen Schrägstrich nennt man Virāma (wörtl.: das Aufhören, Schluß, Ende). Beispiele: क wird gesprochen ka, क् wird gesprochen k. द wird gesprochen da, aber द् d, य wird gesprochen ya, aber य् y. In den Gegenwartssprachen wird der Virāma oft nicht mehr geschrieben, auch wenn das *a* nicht gesprochen wird.

f) *Lesezeichen*

(1) Avagraha (Auslassungszeichen)

Den Avagraha gibt es nur im Sanskrit. Folgt einem Wort mit auslautendem *e* oder *o* ein Wort, das mit *a* beginnt, dann wird der anlautende Vokal des Wortes nicht gesprochen. Schreibt man die Worte aber, dann fällt *a* nicht ersatzlos weg, sondern wird ersetzt durch den sogenannten Avagraha ऽ (अवग्रह), „Trenner".

Beispiele: Folgt auf das Wort *te* das Wort *api*, dann werden sie zusammengezogen gesprochen als *tepi*. Geschrieben bleibt das *a* aber noch sichtbar durch den Avagraha: te 'pi ते ऽपि. Folgt auf das Wort *yo* das Wort *ayam*, dann werden sie zusammengezogen gesprochen als *yoyam*. Geschrieben bleibt das *a* aber noch sichtbar durch den Avagraha: yo 'yam योऽयम.

(2) Abkürzung

Eine Abkürzung wird im Sanskrit durch das Zeichen ॰ markiert; dasselbe Zeichen verwendet der Schreiber im Hindī für eine Abkürzung.

g) *Interpunktion*

In Sanskritschriften finden sich die Interpunktionszeichen । und ॥. Ein vertikaler Strich in der Höhe der Silbenzeichen beendet in Prosatexten einen Satz, in Strophen einen Vers. Zwei vertikale Striche können in Prosatexten das Ende eines Abschnitts bezeichnen, in der Dichtung geben sie das Ende einer Strophe an.

In Hindī- und Nepālī-Prosaschriften beendet । den Satz, ansonsten gelten die englischen Satzzeichen: Ausrufezeichen, Fragezeichen, Zeichen für die direkte Sprache, Komma. In Marāṭhī-Prosaschriften gilt ausnahmslos die englische Interpunktion. In der neuindischen Dichtung des Hindī und Marāṭhī wird die Interpunktion der Sanskritverse angewendet.

h) *Zahlzeichen*

Die Zahlzeichen der Devanāgarī sind für alle vier Sprachen dieselben. Für einige Zahlzeichen gibt es eine alternative Schreibung.

3. Regeln zur Aussprache

Die Aussprache der einzelnen Silbenzeichen ist mit wenigen Unterschieden in allen vier Sprachen gleich. Das Kapitel Schreibanleitung erläutert die Aussprache für jedes Silbenzeichen und weist dabei auf eventuelle Unterschiede in der Aussprache der verschiedenen Sprachen hin. Folgendes ist grundsätzlich zu beachten:

Treffen innerhalb einer Ligatur zwei gleiche Konsonanten aufeinander oder endet ein Wort mit dem gleichen Konsonanten, mit dem das anschließende Wort beginnt, macht die verlängerte Aussprache der Konsonanten beide deutlich hörbar. Vgl. *Stuh**lb**ein* und *Stuh**ll**ehne* oder *er zimmer**t S**tühle* und *er zimmer**t T**ische.*

Bei der Aussprache der nichtaspirierten Silben darf dem Mund gar keine oder nur sehr wenig Luft entströmen, wohingegen bei der Aussprache der aspirierten Silben auf die Konsonanten ein hörbarer Hauch folgt. Die Aspiration der Konsonanten *k* und *b* z. B. klingt ähnlich wie die Buchstabenfolge *ckh* und *bh* in den Worten *Blo**ckh**aus* und *a**bh**olen.*

Das kurze gesprochene *a*, das ein Konsonantenzeichen beinhaltet, klingt wie das englische *a* in *arrive.*

Die Betonung der Silbenzeichen geschieht weit weniger akzentuiert als im Deutschen.

4. Die Devanāgarī-Alphabete der indoarischen Sprachen

a) *Das Sanskrit-Alphabet*

Anordnung der Zeichen in Nachschlagewerken (von links nach rechts, Zeile nach Zeile):
Silben mit Anusvāra oder Candrabindu gehen den Silben ohne solche Nasalierungszeichen voran.
a ā i ī u ū ṛ ṝ ḷ ḹ e ai o au
ka kha ga gha ṅa
ca cha ja jha ña
ṭa ṭha ḍa ḍha ṇa
ta tha da dha na
pa pha ba bha ma
ya ra la va
śa ṣa sa ha

Sekundäre Lautzeichen Anusvāra: ं für ṁ Anunāsika: ँ ~ Visarga: ः ḥ

Vokale (*svara* m. स्वर)

	Laryngal		Palatal		Labial		Retroflex		Dental	
Einfache	a अ/अ	ā आ/आ	i इ	ī ई	u उ	ū ऊ	ṛ ऋ/ऋ	ṝ ॠ/ॠ	ḷ ऌ/ऌ	ḹ ॡ/ॡ [11]
Diphthonge			e ए	ai ऐ	o ओ/ओ	au औ/औ				

[11] ḹ ist eine Erfindung der indischen Grammatiker, für die es keine Belege gibt. Sie wollten damit konsequent auch ḷ seinen entsprechenden langen Vokal zuordnen.

Konsonanten (*vyañcana* n. व्यञ्जन)

			Laryngal (im hinteren Mund- u. Rachenraum gebildet)		**Palatale** (am harten Gaumen mit dem Zungen-rücken gebildet)		**Retroflex** (mit zurückgebogener Zungenspitze am harten Gaumen gebildet)		**Dentale** (an den oberen Schneide-zähnen mit der Zungenspitze gebildet)		**Labiale** (mit der Unterlippe an der Oberlippe gebil-det)	
Mutae	stimmlos	nichtaspiriert	ka	क	ca	च	ṭa	ट	ta	त	pa	प
		aspiriert	kha	ख	cha	छ	ṭha	ठ	tha	थ	pha	फ
	stimmhaft	nichtaspiriert	ga	ग	ja	ज	ḍa	ड	da	द	ba	ब
		aspiriert	gha	घ	jha	झ/झ/झ/झ	ḍha	ढ	dha	ध	bha	भ
Nasale			ṅa	ङ	ña	ञ	ṇa	ण / ण	na	न	ma	म
Halbvokale					ya	य	ra	र	la	ल / ल	va	व
Zischlaute					śa	श / श	ṣa	ष	sa	स		
Hauchlaut			ha	ह								

In Vedaschriften findet sich zudem das Zeichen ळ für ein retroflexes ḷa.

b) Das Hindī-Alphabet

Anordnung der Zeichen in Nachschlagewerken (von links nach rechts, Zeile nach Zeile)**:**
Silben mit Anusvāra oder Candrabindu gehen den Silben ohne solche Nasalierungszeichen voran. Worte, die mit *qa*, *k̲h̲a*, *g̲a*, *za*, *ṛa*, *ṛha* oder *fa* beginnen, sind jeweils in alphabetischer Folge zu den Wortreihen eingefügt, die mit *ka*, *kha*, *ga*, *ja*, *ḍa*, *ḍha* oder *pha* beginnen.

a ā i ī u ū ṛ e ai o au
ka/qa kha/k̲h̲a ga/g̲a gha ṅa
ca cha ja/za jha ña
ṭa ṭha ḍa/ṛa ḍha/ṛha ṇa
ta tha da dha na
pa pha/fa ba bha ma
ya ra la va śa ṣa sa ha

Sekundäre Lautzeichen Anusvār: ं ṁ Anunāsik, Candrabindu: ँ ~ Visarga: ः ḥ

Vokale

	Laryngal		Palatal		Labial		Retroflex
Einfache	a अ/ ऄ	ā आ/ ऄा	i इ	ī ई	u उ	ū ऊ	ṛ ऋ/ ऋ[12]
Diphthonge			e ए	ai ऐ	o ओ/ ऄो	au औ/ ऄौ	

[12] Dieses Zeichen erscheint nur in Sanskrit-Lehnwörtern.

Konsonanten

			Laryngal (im hinteren Mund- u. Rachenraum gebildet)		**Palatale** (am harten Gaumen mit dem Zungenrücken gebildet)		**Retroflex** (mit zurückgebogener Zungenspitze am harten Gaumen gebildet)		**Dentale** (an den oberen Schneidezähnen mit der Zungenspitze gebildet)		**Labiale** (mit der Unterlippe an der Oberlippe gebildet)	
Mutae	stimmlos	nichtaspiriert	ka	क	ca	च	ṭa	ट	ta	त	pa	प
		aspiriert	kha	ख	cha	छ	ṭha	ठ	tha	थ	pha	फ
	stimmhaft	nichtaspiriert	ga	ग	ja	ज	ḍa	ड	da	द	ba	ब
		aspiriert	gha	घ	jha	झ/झ/झ/झ	ḍha	ढ	dha	ध	bha	भ
Nasale			ṅa	ङ[13]	ña	ञ[13]	ṇa	ण / ण[14]	na	न	ma	म
Halbvokale					ya	य			ra र	la ल/ल	va	व
Zischlaute		stimmlos	k̲h̲a	ख़	śa	श	ṣa	ष[14]	sa	स	fa	फ़
		stimmhaft	g̲a	ग़					za	ज़		
							nichtaspiriert ṛa ड़ aspiriert ṛha ढ़					
			qa	क़								
Hauchlaut			ha	ह								

[13] Erscheint im Hindī in Verbindung mit anderen Zeichen.
[14] Erscheint nur in Sanskrit-Lehnwörtern, und nicht am Anfang eines Wortes.

c) Das Marāṭhī-Alphabet

Anordnung der Zeichen in Nachschlagewerken (von links nach rechts, Zeile nach Zeile):
Silben mit Anusvāra oder Candrabindu gehen den Silben ohne solche Nasalierungszeichen voran.

a ā i ī u ū r̥ l̥ e ai o au
ka kha ga gha ṅa
ca cha ja jha ña
ṭa ṭha ḍa ḍha ṇa
ta tha da dha na
pa pha ba bha ma
ya ra la va
śa ṣa sa ha

Sekundäre Lautzeichen Anusvār: ं ṁ Anunāsik, Candrabindu: ँ ~ Visarga: ः ḥ

Vokale

	Laryngal		Palatal		Labial		Retroflex
Einfache	a अ	ā आ	i इ	ī ई	u उ	ū ऊ	r̥ ऋ[15]
Diphthonge			e ए	ai ऐ	o ओ	au औ	

[15] Das Zeichen kommt nur in Sanskritlehnwörtern vor.

Konsonanten

			Laryngal (im hinteren Mund- u. Rachenraum gebildet)		**Palatale** (am harten Gaumen mit dem Zungenrücken gebildet)		**Retroflex** (mit zurückgebogener Zungenspitze am harten Gaumen gebildet)		**Dentale** (an den oberen Schneidezähnen mit der Zungenspitze gebildet)		**Labiale** (mit der Unterlippe an der Oberlippe gebildet)	
Mutae	stimmlos	nichtaspiriert	ka	क	ca	च	ṭa	ट	ta	त	pa	प
		aspiriert	kha	ख	cha	छ	ṭha	ठ	tha	थ	pha	फ
	stimmhaft	nichtaspiriert	ga	ग	ja	ज	ḍa	ड	da	द	ba	ब
		aspiriert	gha	घ	jha	झ	ḍha	ढ	dha	ध	bha	भ
Nasale			ṅa	ङ[16]	ña	ञ[16]	ṇa	ण	na	न	ma	म
Halbvokale					ya	य	ra	र	la	ल	va	व
Zischlaute		stimmlos			śa	श	ṣa	ष[17]	sa	स		
Lateral							ḷa	ळ				
Hauchlaut			ha	ह								

[16] Das Zeichen kommt nur in Ligaturen in Sanskrit-Lehnwörtern vor.
[17] Das Zeichen kommt nur in Sanskrit-Lehnwörtern vor.

d) Das Nepālī-Alphabet

Anordnung der Zeichen in Nachschlagewerken (von links nach rechts, Zeile nach Zeile):
Silben mit Anusvāra oder Candrabindu gehen den Silben ohne solche Nasalierungszeichen voran. Worte, die mit *ṛa* oder *ṛha* beginnen, sind jeweils in alphabetischer Folge zu den Wortreihen eingefügt, die mit *ḍa* oder *ḍha* beginnen.

a ā i ī u ū ṛ e ai o au
ka kha ga gha ṅa
ca cha ja jha ña
ṭa ṭha ḍa/ṛa ḍha/ṛha ṇa
ta tha da dha na
pa pha ba bha ma
ya ra la va
śa ṣa sa ha

Sekundäre Lautzeichen Anusvār: ं ṁ Anunāsik, Candrabindu: ँ ~ Visarga: ः ḥ[18]

Vokale

	Laryngal		Palatal		Labial		Retroflex
Einfache	a अ/ अ	ā आ/ आ	i इ	ī ई	u उ	ū ऊ	ṛ ऋ/ ऋ
Diphthonge			e ए	ai ऐ	o ओ/ ओ	au औ/ औ	

[18] Erscheint nur in einigen Sanskrit-Lehnwörtern.

Konsonanten

			Laryngal (im hinteren Mund- u. Rachenraum gebildet)		**Palatale** (am harten Gaumen mit dem Zungenrücken gebildet)		**Retroflex** (mit zurückgebogener Zungenspitze am harten Gaumen gebildet)		**Dentale** (an den oberen Schneidezähnen mit der Zungenspitze gebildet)		**Labiale** (mit der Unterlippe an der Oberlippe gebildet)	
Mutae	stimmlos	nichtaspiriert	ka	क	ca	च	ṭa	ट	ta	त	pa	प
		aspiriert	kha	ख	cha	छ	ṭha	ठ	tha	थ	pha	फ
	stimmhaft	nichtaspiriert	ga	ग	ja	ज	ḍa	ड	da	द	ba	ब
		aspiriert	gha	घ	jha	झ/झ/झ/झ	ḍha	ढ	dha	ध	bha	भ
Nasale			ṅa	ङ[19]	ña	ञ	ṇa	ण / ण	na	न	ma	म
Halbvokale					ya	य			ra र	la ल/ल	va	व
Zischlaute		stimmlos			śa	श	ṣa	ष[20]	sa	स		
		stimmhaft										
							nichtaspiriert *ṛa* ड़ aspiriert *ṛha* ढ़					
Hauchlaut			ha	ह								

[19] ङ erscheint fast nur in Verbindung mit ग.

[20] Kommt nur in Sanskrit-Lehnwörtern vor.

B. Schreibanleitung und Aussprache
1. Schreibinstrument

Um die Devanāgarī zu schreiben, verwendet man heute meist Kugelschreiber, Bleistift oder ähnliches. Dadurch werden alle Linien gleich dick oder dünn. Wer aber Wert auf Kalligraphie und die feinen Details legt, die den Devanāgarī-Zeichen ursprünglich zu eigen sind, sollte die Schrift mit einer breiten Feder schreiben. Dazu eignet sich eine Feder, die in einer bestimmten Weise zugeschnitten ist. Sie soll so verlaufen, daß der Winkel zwischen ihrer unteren und oberen Kante ungefähr 125° beträgt. Sie sieht etwa folgendermaßen aus:

Während des Schreibens muß man die Feder immer wieder in ein Tintenfaß tauchen, was - wenn man darin nicht geübt ist - leicht dazu führen kann, daß die Tintenstriche ungleich hell oder dunkel werden. Aus diesem Grund empfiehlt es sich, sogenannte Kalligraphiefüller zu verwenden, die sich aus einem Federteil, einem Schaft und einer Patrone zusammensetzen. Der Vorteil dabei ist, daß die Tinte während des Schreibens gleichmäßig aus der Patrone in die Feder fließt. Die Federn selbst sind zwar gerade abgeschnitten, doch kann man sie so halten, daß der gleiche Winkel entsteht, der für die Devanāgarī-Zeichen erforderlich ist. Mit diesem Schreibinstrument findet sich der Lernende am Ende seiner Übungen in der Lage, die Feinheit der Devanāgarī-Zeichen selbst zu verwirklichen. Auch heute noch erlernen in Indien und den angrenzenden Ländern die Schulkinder oft noch die Zeichen mit einer Feder oder einem Rohrstift.

2. Federführung

Die Feder soll so gehalten werden, daß dicke Linien entstehen, wenn der Schreiber die Feder waagrecht oder nach rechts oben mit einem Winkel von etwa 45° zieht, und daß feine Linie entstehen, wenn man die Feder nach rechts unten im gleichen Winkel zieht.

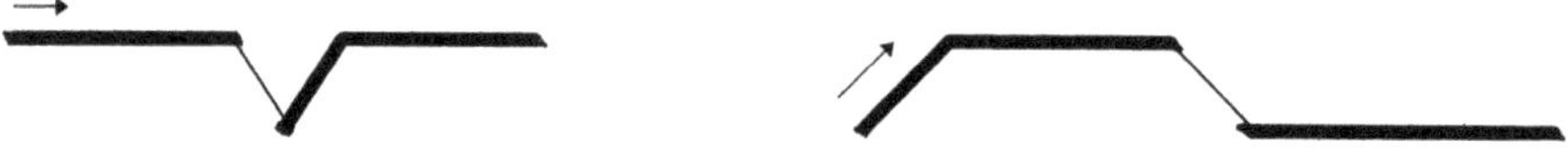

Gleichzeitig ergeben sich durch den Winkel der Feder dort, wo man an- und absetzt, auch entsprechende Schrägen.

Die Schriftzeichen für *pa* und *me* zum Beispiel sehen bei richtiger Haltung folgendermaßen aus:

Zuerst ist es notwendig, die Feder in der rechten Weise zu halten. Man kann sich darin üben, wenn man folgende Linien zieht und dabei auf die Punkte achtet, wo die Feder an- und abgesetzt wird, und daß die dicken und dünnen Linien und ihre Übergänge entsprechend verlaufen:[21]

Die Devanāgarī-Zeichen bestehen aus einem Hauptteil, der nach oben immer von einem horizontalen Strich begrenzt ist. Viele Zeichen haben außerdem auch einen senkrechten Strich rechts vom Hauptteil oder in seiner Mitte. Falls das Zeichen mit einer Vokalbezeichnung verbunden ist, gehört zu ihm auch ein oberer oder ein unterer Teil. Um deren richtige Proportionen zu erlernen, ist es empfehlenswert, auf einem linierten Papier zu üben, wie es hierzulande die Schulkinder der ersten Klasse verwenden. Eine Zeile ist hierbei mit vier Linien unterteilt.

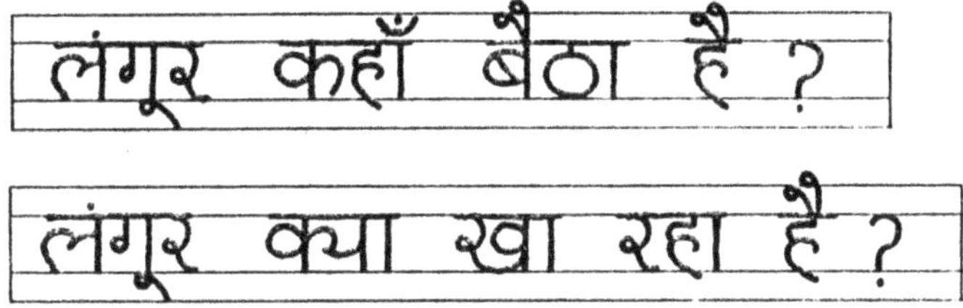

Beispiel aus einem Schreiblehrbuch für Schüler einer ersten Klasse

Der mittlere Teil, der durch zwei Linien gebildet wird, ist etwas breiter als der obere und untere Teil einer Zeile. In der breiteren Mitte der Zeile sitzt der Hauptteil des Zeichens, der vom waagrechten Strich auf der zweiten Linie von oben abgeschlossen wird. Ober- und Unterteil eines Zeichens befinden sich in der oberen und unteren Spalte einer Zeile.

Beim Schreiben beginnt man mit den Linien, welche die einzelnen Zeichen unterscheiden und für das jeweilige Zeichen charakteristisch sind, auf der linken

[21] Vorschlag von Lambert, S. 5.

Seite des senkrechten Striches. Dann folgt der senkrechte Strich, falls er in der Silbe vorkommt. Man fährt mit den für das Zeichen charakteristischen Linien auf der rechten Seite des senkrechten Striches fort und endet mit dem waagrechten Abschlußstrich, der die ganze Silbe verbindet. Wenn die Silbe eine Vokalbezeichnung enthält, wird auch sie vor dem Abschlußstrich geschrieben. Auch wenn nicht nur ein Silbenzeichen geschrieben wird, sondern Wörter aus mehreren, beendet man jede Silbe mit dem Abschlußstrich, bevor man die nächste daransetzt. Jede Linie beginnt man von links oben nach rechts unten.[22]

Beispiel:

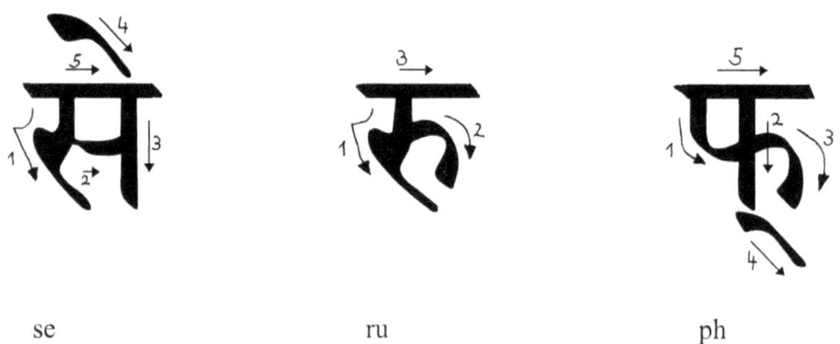

Erst wenn man gelernt hat, die Zeichen mit Hilfe der Feder zu schreiben, sollte man zu einem anderen Schreibgerät greifen.

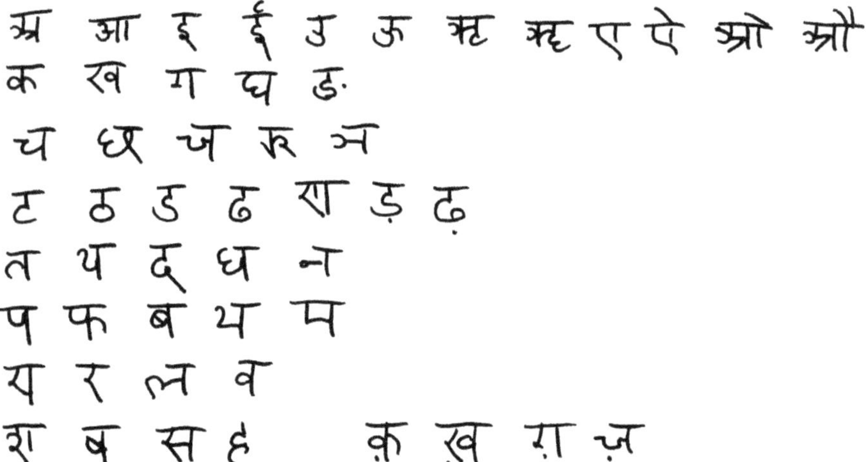

Mit Füller oder Kugelschreiber geschriebene Zeichen

[22] Je nach persönlicher Gewohnheit sind auch geringfügige Varianten möglich.

3. Vokale

a) *Einfache Vokale*

Devanāgarī	Lautschrift	Transliteration
अ oder ॲ	[ʌ]	a

Schreibweise

oder

Aussprache
अ wird ähnlich dem englischen *a* in *arrive* ausgesprochen.

Nur im Nepālī wird अ vor und nach den Verschlußlauten der laryngalen und labialen Reihe oft wie *o* in englisch *not* ausgesprochen.

Beispiele:

	Devanāgarī	Transliteration	Aussprache	Übersetzung
Sanskrit	अग्नि	agni	agni	Feuer
	अचल	acala	acala	Berg, Gebirge
	अनशन	anaśana	anaśana	Fasten
Hindī	अब	aba	ab	jetzt
	असर	asara	asar	Einfluß
	अवकाश	avakāśa	avkāś	Freizeit
Marāṭhī	अल्प	alpa	alp	klein, wenig
	अकरा	akarā	akrā	elf
	अपघात	apaghāta	apghāt	Unfall
Nepālī	अझ	ajha	ajh	noch
	अचम्म	acamma	acamm	Überraschung
	अखबार	akhabāra	akhbār	Zeitung

Devanāgarī	Lautschrift	Transliteration
आ oder अ॒ा	[aː]	ā

Schreibweise

आ unterscheidet sich von अ durch einen zweiten senkrechten Strich, der eine Verlängerung des oberen abschließenden Querstrichs erfordert.

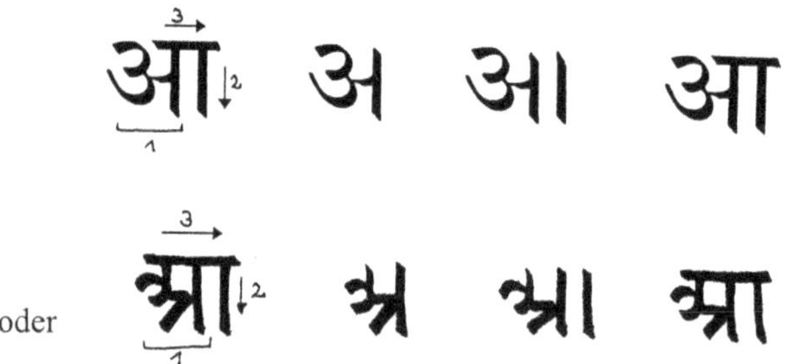

Aussprache

आ, ist im Gegensatz zu अ völlig offen und deutlich länger gezogen; seine Aussprache entspricht dem deutschen *a* in *aber*.

Beispiele:

	Devanāgarī	Transliteration	Aussprache	Übersetzung
Sanskrit	आप्	āp	āp	erlangen
	आनन	ānana	ānana	Antlitz
	आराधन	ārādhana	ārādhana	Gewinnung
Hindī	आग	āga	āg	Feuer
	आराम	ārāma	ārām	Ruhe
	आवश्यकता	āvaśyakatā	āvaśyaktā	Notwendigkeit
Marāṭhī	आज	āja	āj	heute
	आजारी	ājārī	ājārī	Krankheit
	आजकाल	ājakāla	ājkāl	heutzutage
Nepālī	आगो	āgo	āgo	Feuer
	आखिर	ākhira	ākhir	Abschluß
	आम्दानी	āmdānī	āmdāni	Einkommen

Devanāgarī	Lautschrift	Transliteration
इ	[ɪ]	i

Schreibweise

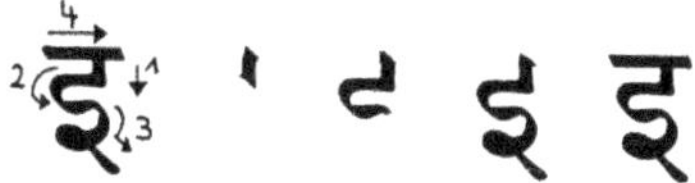

Aussprache
इ wie *i* in *Finder*.

Beispiele:

	Devanāgarī	Transliteration	Aussprache	Übersetzung
Sanskrit	इष्	iṣ	iṣ	wünschen
	इन्द्र	indra	indra	Name eines Gottes
	इतस्तत	itastata	itastata	hier und dort
Hindī	इच्छा	icchā	icchā	Wunsch
	इतना	itanā	itnā	so viel, viele
	इनकार	inakāra	inkār	Ablehnung
Marāṭhī	इंदु	iṁdu	indu	bestimmter Mädchenname
	इतर	itara	itar	anderer
	इमारत	imārata	imārat	Gebäude
Nepālī	इनाम	ināma	inām	Wert, Preis
	इमान	imāna	imān	Aufrichtigkeit
	इस्टेसन	isṭesana	isṭesan	Bahnhof

Devanāgarī	Lautschrift	Transliteration
ई	[iː]	ī

Schreibweise
ई unterscheidet sich von इ durch einen nach rechts geöffneten Haken über dem oberen Querstrich.

Aussprache
ई wie *i* in *Fibel.*

Doch im Nepālī hat es den gleichen Lautwert wie इ.

Beispiele:

	Devanāgarī	Transliteration	Aussprache	Übersetzung
Sanskrit	ईक्ष्	īkṣ	īkṣ	sehen
	ईश	īśa	īśa	Herr
	ईश्वर	īśvara	īśvara	Herr, Gebieter
Hindī	ईर्ष्या	īrṣyā	īrṣyā	neidisch
	ईसवी सन्	īsavī san	īsvī san	christl. Era
	ईबार	ībāra	ībār	ein bißchen
Marāṭhī	ईट	īṭa	īṭ	Ziegel
	ईड	īḍa	īḍ	bestimmte Frucht
	ईषण	īṣaṇa	īṣaṇ	Wunsch
Nepālī	ई	ī	i	Relativpronomen: welcher
	ईद	īda	id	moslemischer Festtag
	ईश्वर	īśvara	issor/isswar	Herr, Gebieter

Devanāgarī	Lautschrift	Transliteration
उ	[ʊ]	u

Schreibweise

Aussprache
उ wie *u* in englisch *put*.

Beispiele:

	Devanāgarī	Transliteration	Aussprache	Übersetzung
Sanskrit	उत	uta	uta	und, auch
	उदक	udaka	udaka	Wasser
	उपदेश	upadeśa	upadeśa	Belehrung
Hindī	उदार	udāra	udār	liberal
	उनसठ	unasaṭha	unsaṭh	neunund-fünfzig
	उम्मीद	ummīda	ummīd	Hoffnung
Marāṭhī	उभ	ubha	ubh	aufrecht stehend
	उलट	ulaṭa	ulaṭ	im Gegenteil
	उपनगर	upanagara	upnagar	Vorstadt
Nepālī	उदास	udāsa	udās	bedrückt
	उनी	unī	uni	Pronomen: sie
	उमेर	umera	umer	Lebensalter

Devanāgarī	Lautschrift	Transliteration
ऊ	[uː]	ū

Schreibweise
ऊ unterscheidet sich von उ durch einen nach unten geöffneten Haken rechts vom charakteristischen Teil des Zeichens.

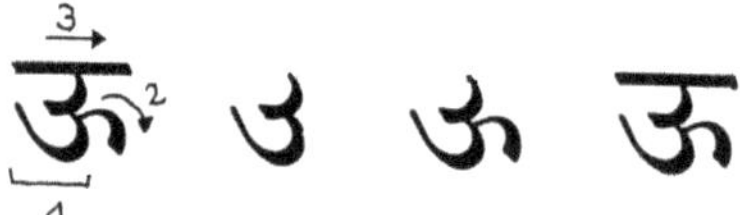

Aussprache
ऊ wie *u* in *Bruder*.
Im Nepālī aber hat ऊ den gleichen Lautwert wie उ .

Beispiele:

	Devanāgarī	Transliteration	Aussprache	Übersetzung
Sanskrit	ऊन	ūna	ūna	zu klein
	ऊषर	ūṣara	ūṣara	unfruchtbarer Boden
	ऊति	ūti	ūti	Ergötzen
Hindī	ऊपर	ūpara	ūpar	darüber
	ऊबना	ūbanā	ūbnā	sich langweilen
	ऊरज	ūraja	ūrj	stark
Marāṭhī	ऊन	ūna	ūn	Hitze, Wärme
	ऊर्णा	ūrṇā	ūrṇā	Wolle
	ऊंस	ūṁsa	ūṁs	Zuckerrohr
Nepālī	ऊ	ū	u	Pronomen: er, sie
	ऊहि	ūhi	u.i	Pronomen: derselbe
	ऊन	ūna	un	Wolle

Devanāgarī	Lautschrift	Transliteration
ऋ oder ऋ	[ʳ]	r̥

Schreibweise

Aussprache
ऋ soll als nichtzitternder r-Laut ausgesprochen werden wie *r* in *Meister*, wobei ganz leicht ein *i* nachklingt, ähnlich wie im englischen *rid*.

Nur im Nepalī wird in Sanskrit-Lehnwörtern aus dem vokalischen ऋ ein konsonantisches *r*, nach dem der Vokal *i* gesprochen wird.

Beispiele:

	Devanāgarī	Transliteration	Aussprache	Übersetzung
Sanskrit	ऋते	r̥te	r̥te	außer, ohne
	ऋषि	r̥ṣi	r̥ṣi	Seher
	ऋत	r̥ta	r̥ta	rechtschaffen
Hindī	ऋतु	r̥tu	r̥tu	Jahreszeit
	ऋषभ	r̥ṣabha	r̥ṣabh	Bulle, Stier
	ऋतुराज	r̥turāja	r̥turāj	Frühling
Marāṭhī	ऋतु	r̥tu	r̥tu	Jahreszeit
	ऋते	r̥te	r̥te	ohne, anstelle
	ऋषि	r̥ṣi	r̥ṣi	Seher
Nepālī	ऋण	r̥ṇa	riṇ	Zweifel
	ऋतु	r̥tu	ritu	Jahreszeit
	ऋषि	r̥ṣi	riṣi	Seher

Devanāgarī	Lautschrift	Transliteration
ॠ oder ॠ	[rː]	ṝ

Schreibweise

ॠ unterscheidet sich von ऋ durch einen zweiten Haken unter dem, der bei ऋ bereits vorkommt. Meist wird dann der erste etwas kleiner geschrieben.

Aussprache

ॠ wird wie ऋ ausgesprochen, aber mit einem etwas länger nachklingenden *i*, manchmal auch einem schwach nachklingenden *u*.

Im Anlaut kommt ॠ nicht vor, weswegen das Zeichen nicht belegt ist. Die indischen Grammatiker aber versahen es mit einer Bedeutung. Als Interjektion bezeichnet es den Anfang einer Rede und ist Ausdruck der Abwehr, des Tadels und der Furcht. Als Substantiv hat es die Bedeutung „Brust, Gedächtnis, Gang, Mutter der Götter und die der Ungötter". Zudem bezeichnet ॠ die zwei Götterspezies Dānava und Bhairava.

Devanāgarī	Lautschrift	Transliteration
ऌ oder ऌ	[ℓ]	ḷ

Schreibweise

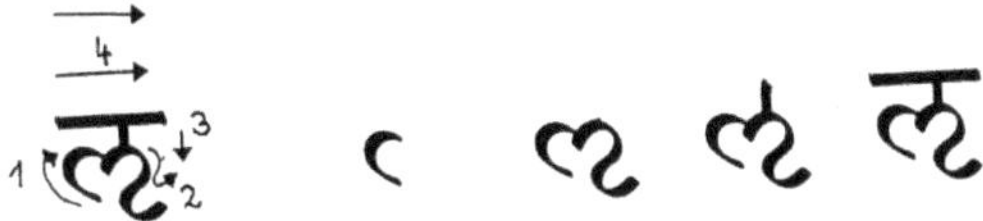

oder

Aussprache
ऌ wird ausgesprochen wie *el* im deutschen Wort *Handel* oder in den englischen Worten *able*, *angle*.

Im Anlaut kommt ऌ nicht vor. Das Zeichen ऌ ist deswegen nicht belegt. Trotzdem gaben die Lexikographen dem Zeichen im Altindischen eine Bedeutung. Es heißt „Erde, Berg“ oder „die Mutter der Götter“.

Devanāgarī	Lautschrift	Transliteration
ॡ oder ॡ	—	ḹ

Schreibweise

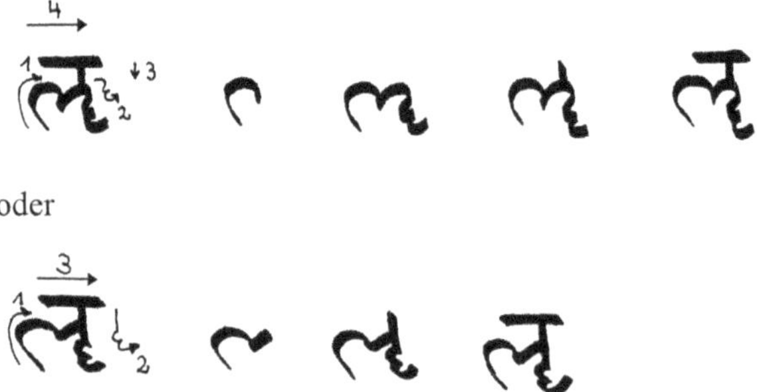

oder

Dieses Zeichen ist eine Erfindung der indischen Grammatiker, um auch der Silbe ऌ eine Länge zuzuordnen. Es ist nicht belegt. Die Lexikographen gaben dem Zeichen im Altindischen die Bedeutung „Mutter, Gottweib, weibliche Natur“. ॡ kann ein Name für den Gott Śiva sein, ein Beiname für die Mutter der Götterspezies Dānava, die Frau von einem der Götterspezies Daitya, die Mutter der Wunschkuh.

b) *Diphthonge*

Devanāgarī	Lautschrift	Transliteration
ए	[e:]	e

Schreibweise

Aussprache
Im Sanskrit klingt ए wie *e* in *eben*, in den Gegenwartssprachen wird ए etwas offener ausgesprochen.

Beispiele:

	Devanāgarī	Transliteration	Aussprache	Übersetzung
Sanskrit	एक	eka	eka	ein, allein
	एतावत्	etāvat	etāvat	so viel, solcher
	एवम्	evam	evam	also
Hindī	एक	eka	ek	ein, eins
	एकाएक	ekāeka	ekāek	plötzlich
	एकाध	ekādha	ekādh	wenige
Marāṭhī	एक	eka	ek	eins
	एकटा	ekaṭā	ekṭā	allein
	एकदम	ekadama	ekdam	plötzlich
Nepālī	एकता	ekatā	ektā	Harmonie
	एकनास	ekanāsa	eknās	Uniformität
	एक्लो	eklo	eklo	allein

Devanāgarī	Lautschrift	Transliteration
ऐ	[ʌɪ] oder [ɛ:]	ai

Schreibweise
ऐ unterscheidet sich von ए durch einen von links oben nach rechts unten verlaufenden Schrägstrich über dem oberen Querstrich.

Aussprache
Im Sanskrit klingt ऐ wie *ei* in *Eile*, in den Gegenwartssprachen aber wie *e* im englischen *hen* oder wie ein deutsches, kurzes *ä*, wie etwa in *Bäcker*.

Beispiele:

	Devanāgarī	Transliteration	Aussprache	Übersetzung
Sanskrit	ऐश	aiśa	aiśa	von Śiva herrührend
	ऐलष	ailaṣa	ailaṣa	Lärm, Getöse
	ऐरावत	airāvata	airāvata	Name eines Elephanten
Hindī	ऐश	aiśa	aiś	Vergnügen
	ऐसा	aisā	aisā	so, von dieser Art
	ऐसे	aise	aise	auf die Art
Marāṭhī	ऐट	aiṭa	aiṭ	Prunkhaftigkeit
	ऐता	aitā	aitā	fertig
	ऐतवार	aitavāra	aitvār	Sonntag
Nepālī	ऐन	aina	ain	Gesetz
	ऐना	ainā	ainā	Spiegel, Glas
	ऐया	aiyā	aiyā	oh!

Devanāgarī	Lautschrift	Transliteration
ओ oder ओ	[o:]	o

Schreibweise

ओ unterscheidet sich von आ durch einen von links oben nach rechts unten verlaufenden Querstrich über dem waagrechten Abschlußstrich.

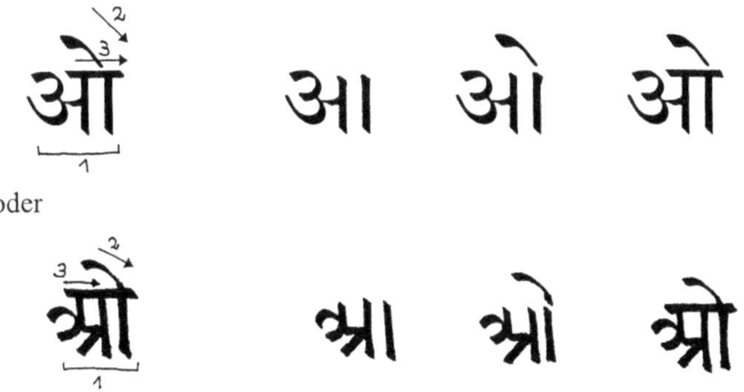

Aussprache

ओ wie *o* in *oder*.

Beispiele:

	Devanāgarī	Transliteration	Aussprache	Übersetzung
Sanskrit	ओजस्	ojas	ojas	Stärke
	ओघ	ogha	ogha	Flut, Strömung
	ओषधि	oṣadhi	oṣadhi	Kraut, Heilkraut
Hindī	ओंठ	õṭha	õṭh	Lippe
	ओप	opa	op	Eleganz
	ओसर	osara	osar	Gelegenheit
Marāṭhī	ओढा	oḍhā	oḍhā	kleiner Fluß
	ओकारी	okārī	okārī	sich übergeben
	ओळख	oḷakha	oḷakh	Wissen
Nepālī	ओखती	okhatī	okhati	Medizin
	ओखर	okhara	okhar	Walnuß
	ओहो	oho	oho	Ausdruck der Verwunderung

Devanāgarī	Lautschrift	Transliteration
औ oder ऒ	[oʊ] [ɔ:]	au

Schreibweise
ऒ unterscheidet sich von ओ durch einen zweiten von links oben nach rechts unten verlaufenden Schrägstrich überhalb des oberen Querstriches, der parallel zum ersten verläuft.

Aussprache
Nur im Sanskrit klingt औ wie *au* in *Schauder*. In den Gegenwartssprachen wird औ wie ein offenes *o* ausgesprochen; es klingt wie *o* im englischen *off*.

Beispiele:

	Devanāgarī	Transliteration	Aussprache	Übersetzung
Sanskrit	औदरिक	audarika	audarika	Schlemmer
	औदार्य	audārya	audārya	Adel
	औषध	auṣadha	auṣadha	Heilmittel
Hindī	और	aura	aur	und, mehr
	औरत	aurata	aurat	Frau
	औरसना	aurasanā	aurasnā	ärgerlich werden
Marāṭhī	और	aura	aur	Fremder
	औकात	aukāta	aukāt	Unterhalt
	औरंगाबाद्	auraṁgābāda	auraṅgābād	Aurangabad
Nepālī	औधि	audhi	audi	extrem
	औद्योगिक	audyogika	audyogik	industriell
	औलो	aulo	aulo	Malaria

c) *Vokalbezeichnungen*

Wenn auf einen Konsonanten ein anderer Vokal als sein inhärentes *a* folgt, wird das mit einer Vokalbezeichnung am Konsonantenzeichen geschrieben. Konsonant und Vokal bilden Silbenzeichen und gelten als Einheit, die nach den gleichen Regeln geschrieben wird wie ein Konsonantenzeichen, dem ein *a* inbegriffen ist. Das Silbenzeichen wird von links oben, nach rechts unten geschrieben, der waagrechte Abschlußstrich erst am Ende. Um die Schreibweise der Vokalbezeichnungen zu erklären, sind sie in der folgenden Übersicht mit dem Konsonanten *ka* क verbunden.

ka	क	*a* ist jedem Konsonanten inhärent, braucht kein eigenes Zeichen.
kā	का	Senkrechter Strich hinter dem Konsonanten. Schreibweise: क क। का
ki	कि	Senkrechter Strich vor dem Konsonanen, der durch einen Haken über dem waagrechten Strich mit dem Konsonanten verbunden ist. Schreibweise: । ।क कि कि
kī	की	Senkrechter Strich hinter dem Konsonanten, der durch einen Haken über dem waagrechten Strich mit dem Konsonanten verbunden ist. Schreibweise: क क। की की
ku	कु	Bogen unter dem Konsonantenzeichen, Öffnung nach oben. Schreibweise: क कु कु
kū	कू	Bogen unter dem Konsonantenzeichen, Öffnung nach unten. Schreibweise: क कू कू
kṛ	कृ	Haken unter dem Konsonantenzeichen, Öffnung nach rechts.[23] Schreibweise: क कृ कृ
kṝ	कॄ	Doppelter Haken unter dem Konsonantenzeichen, Öffnungen nach rechts. Schreibweise: क कॄ कॄ
kḷ	कॢ	Verkürzte Form des freistehenden ऌ unter dem Konsonantenzeichen. Schreibweise: क कॢ कॢ
ke	के	Schrägstrich über dem Konsonantenzeichen. Schreibweise: क के के
kai	कै	Zwei Schrägstriche über dem Konsonantenzeichen. Schreibweise: क कै कै

[23] Vokalisches *ṛ* wird nicht als Vokalzeichen geschrieben, wenn es auf ein konsonantisches *r* folgt; in dem Fall ändert das konsonantische *r* seine Form. Siehe dazu die Schreibanleitung von *ra*.

ko	को	Senkrechter Strich hinter dem Konsonanten mit einem Schrägstrich darüber. Schreibweise: क का को को
kau	कौ	Senkrechter Strich hinter dem Konsonanten mit zwei Schrägstrichen darüber. Schreibweise: क का कौ कौ

Zu merken: ru रु, rū रू, dṛ दृ, śṛ शृ hṛ हृ. Neben śu शु erscheint auch शु.

4. Konsonanten

a) *Mutae und Nasale*
(1) Laryngale

Devanāgarī	Lautschrift	Transliteration
क	[kʌ]	ka

Schreibweise

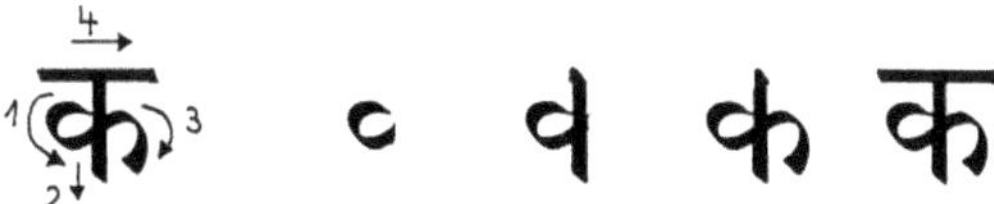

Aussprache
Das Silbenzeichen क wird wie *ka* in *Kasse* mit einem weniger offenen *a* ausgesprochen.

Beispiele:

	Devanāgarī	Transliteration	Aussprache	Übersetzung
Sanskrit	कमल	kamala	kamala	Lotusblüte
	पुस्तक	pustaka	pustaka	Buch
	कक्	kak	kak	schwanken
Hindī	कमल	kamala	kamal	Lotusblüte
	कनक	kanaka	kanak	Gold
	पुस्तक	pustaka	pustak	Buch
Marāṭhī	कट	kaṭa	kaṭ	Verschwörung
	कचरा	kacarā	kacrā	Abfall
	कलाकार	kalākāra	kalākār	Artist
Nepālī	कता	katā	katā	wo?
	कपाल	kapāla	kapāl	Haare
	कमजोर	kamajora	kamjor	schwach

Devanāgarī	Lautschrift	Transliteration
ख	[khʌ]	kha

Schreibweise

Aussprache

ख wird ausgesprochen wie क, jedoch mit einem deutlich hörbaren Hauch.

Beispiele:

	Devanāgarī	Transliteration	Aussprache	Übersetzung
Sanskrit	खर	khara	khara	Esel
	अखिल	akhila	akhila	ganz, sämtlich
	खलु	khalu	khalu	ja, freilich
Hindī	खर	khara	khar	Esel
	खल	khala	khal	Platz, Erde
	अखलाक	akhalāka	akhlāk	gutes Benehmen
Marāṭhī	खाउ	khāu	khāu	Süßigkeiten
	जखम	jakhama	jakham	Wunde
	खाटक	khāṭaka	khāṭak	Fleischer
Nepālī	आँखा	ā̃khā	āṅkhā	Auge, Augen
	काख	kākha	kākh	Schoß
	उखु	ukhu	ukhu	Zuckerrohr

Devanāgarī	Lautschrift	Transliteration
ग	[gʌ]	ga

Schreibweise

Aussprache
Das Silbenzeichen ग wird wie *ga* in *Garten* mit einem weniger offenen *a* ausgesprochen.

Beispiele:

	Devanāgarī	Transliteration	Aussprache	Übersetzung
Sanskrit	खग	khaga	khaga	Vogel
	गण	gaṇa	gaṇa	Schar, Gefolge
	गगन	gagana	gagana	Himmel
Hindī	आग	āga	āg	Feuer
	कगार	kagāra	kagār	Küste
	उगना	uganā	ugnā	wachsen
Marāṭhī	अंग	aṁga	aṁg	Körper, Person
	गंगा	gaṁgā	gaṅgā	die Ganga, ein großer Strom
	आगेकूच	āgekūca	āgekūc	Vorrücken (der Armee)
Nepālī	गज	gaja	gaj	ein bestimmtes Längenmaß
	काग	kāga	kāg	Krähe
	कागज	kāgaja	kāgaj	Papier

Devanāgarī	Lautschrift	Transliteration
घ	[gʰʌ]	gha

Schreibweise

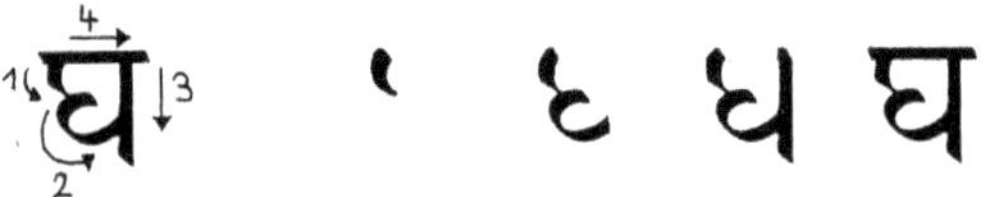

Aussprache

घ wird ausgesprochen wie ग, jedoch mit einem deutlich hörbaren stimmhaften Hauch.

Beispiele:

	Devanāgarī	Transliteration	Aussprache	Übersetzung
Sanskrit	अघ	agha	agha	gefährlich, schlecht
	घट	ghaṭa	ghaṭa	Topf
	मेघ	megha	megha	Wolke
Hindī	घी	ghī	ghī	geklärte Butter
	घर	ghara	ghar	Haus
	घुटना	ghuṭanā	ghuṭnā	Knie
Marāṭhī	घाई	ghāī	ghāī	Eile, Hast
	उघडा	ughaḍā	ughḍā	offen
	घटना	ghaṭanā	ghaṭnā	Konstruktion
Nepālī	अघि	aghi	aghi	schon
	घर	ghara	ghar	Haus
	घर	ghara	ghara[24]	zuhause

[24] Weil das Wort in der Bedeutung eines erstarrten Lokativs gebraucht ist, wird das *a* der Schlußsilbe gesprochen.

Devanāgarī	Lautschrift	Transliteration
ङ	[ŋʌ]	ṅa

Schreibweise

Aussprache

Der Klassennasal ङ der Laryngalreihe wird entsprechend der zu dieser Reihe gehörigen Konsonanten im Ansatzrohr hinten ausgesprochen wie das deutsche *ng*. Er klingt wie der Buchstabe *n* des deutschen Wortes *munkeln*.

ङ erscheint vorwiegend in Ligaturen mit einem nachfolgenden Konsonanten.

Devanāgarī	Lautschrift	Transliteration
क़	[qʌ]	qa

Schreibweise

Wie das Silbenzeichen क mit einem sehr kurzen Strich links unten.

Aussprache

क़ wird ähnlich wie क ausgesprochen, jedoch noch weiter hinten im Ansatzrohr; deswegen heißt die Silbe auch „Zäpfchenlaut".

Beispiele:

	Devanāgarī	Transliteration	Aussprache	Übersetzung
Hindī	क़रीब	qarība	qarīb	adv. etwa, beinahe
	क़ानून	qānūna	qānūn	Gesetz
	तक़लीफ़	taqalīfa	taqlīf	Aufregung

(2) Palatale

Devanāgarī	Lautschrift	Transliteration
च	[tʃʌ]	ca

Schreibweise

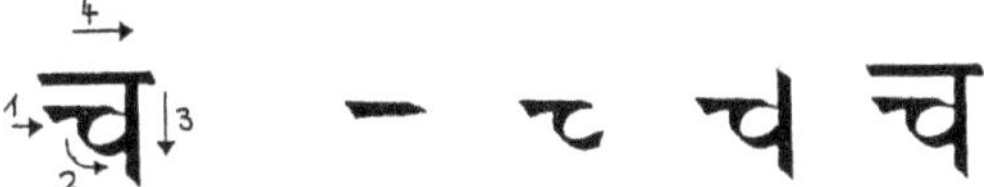

Aussprache
Im Altindischen und im Hindī legt man die obere Zungenfläche an die Stelle des Gaumens, wo der weiche in den harten Gaumen übergeht, um die Silbe च् zu sprechen. च् entspricht dem englischen *ch* in *church* aber ohne Aspiration.

Im Marāṭhī klingt च् wie [ts] wie in Englisch 'bits'. Nur vor den Vokalen *i* und *ī*, manchmal vor *e* und *y* und in Sanskrit-Lehnwörtern wird च् wie *ch* in *church* ausgesprochen.

Im Nepālī spricht man च् wie [ty] im englischen *tube* aus.

Beispiele:

	Devanāgarī	Transliteration	Aussprache	Übersetzung
Sanskrit	च	ca	ca	und
	खच्	khac	khac	hervortreten
	अचल	acala	acala	Berg, Gebirge
Hindī	चक	caka	cak	Rad, Diskus
	चाचा	cācā	cācā	Onkel
	चकचका	cakacakā	cakcakā	scheinend
Marāṭhī	काच	kāca	kāc	Glas
	उंच	uṁca	uñc	groß, hoch
	अचानक	acānaka	acānak	plötzlich
Nepālī	चाख	cākha	cākh	Interesse
	अचम्म	acamma	acamm	Überraschung
	कर्मचारी	karmacārī	karmacāri	Angestellter

Devanāgarī	Lautschrift	Transliteration
छ	[tʃhʌ]	cha

Schreibweise

Aussprache
Die Aussprache des Zeichens छ im Altindischen und im Hindī entspricht der von च mit dem Unterschied, daß छ aspiriert wird.

Im Marāṭhī und Nepālī legt der Sprecher den Zungenrücken hinter die obere Zahnreihe und formuliert *ts* mit einer starken Aspiration.

Beispiele:

	Devanāgarī	Transliteration	Aussprache	Übersetzung
Sanskrit	छ	cha	cha	abschneiden
	छग	chaga	chaga	Bock
	गुच्छक	gucchaka	gucchaka	Büschel, Strauß
Hindī	छ	cha	cha	sechs
	अछक	achaka	achak	hungrig
	कछुआ	kachuā	kachuā	Schildkröte
Marāṭhī	छंद	chaṁda	chand	Gewohnheit
	छोटा	choṭā	choṭā	klein
	छावणी	chāvaṇī	chāvṇī	Camp
Nepālī	छेउ	cheu	cheu	Rand, Kante
	छाउनी	chāunī	chāuni	Baracke, Camp
	कछुवा	kachuvā	kachuvā	Schildkröte

Devanāgarī	Lautschrift	Transliteration
ज	[dʒʌ]	ja

Schreibweise
Die erste Linie von ज wird ausnahmsweise nicht von links nach rechts gezogen, sondern von rechts nach links.

Aussprache
Im Altindischen und im Hindī klingt ज wie das englische *j* in *judge* oder *jeer*.

Im Marāṭhī wird ज durch *z* wie im englischen *zone* realisiert. Nur vor den Vokalen *i* und *ī*, manchmal vor *e* und *y* und in Sanskrit-Lehnwörtern wird ज wie *j* in *judge* oder *dy* in *duty* ausgesprochen.

Im Nepālī wird ज wie *dza* ausgesprochen.

Beispiele:

	Devanāgarī	Transliteration	Aussprache	Übersetzung
Sanskrit	गज	gaja	gaja	Elefant
	कंज	kaṁja	kañja	Lotus
	कंजज	kaṁjaja	kañjaja	lotusgeboren
Hindī	जग	jaga	jag	Welt
	जगत	jagata	jagat	Welt
	जनवरी	janavarī	janvarī	Januar
Marāṭhī	आज	āja	āj	heute
	आजार	ājāra	ājār	Krankheit
	आजकाल	ājakāla	ājkāl	heutzutage
Nepālī	जग	jaga	jag	Grund, Basis
	जग्गा	jaggā	jaggā	Platz, Land
	इज्जत	ijjata	ijjat	Ehre, Prestige

Devanāgarī	Lautschrift	Transliteration
झ oder क oder फ oder ऋ	[dʒhʌ]	jha

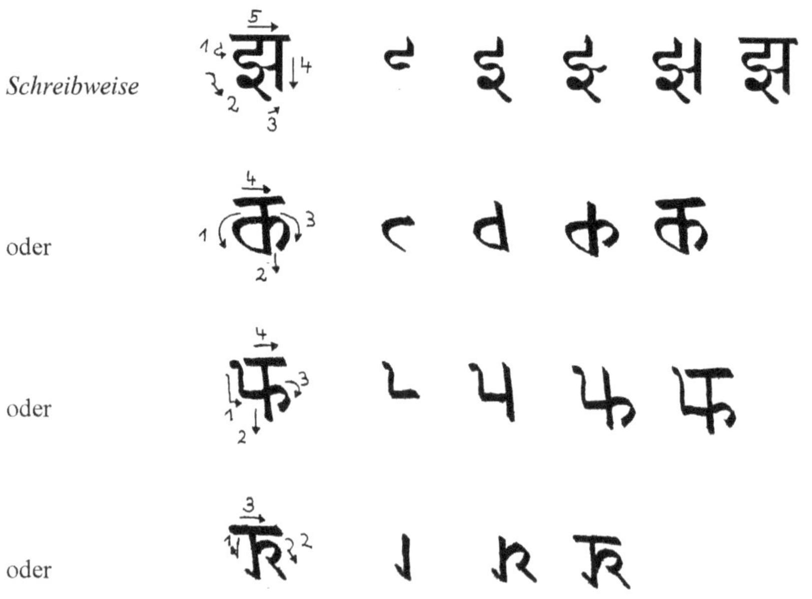

Aussprache

Die Aussprache des Zeichens झ entspricht der aspirierten Form von ज.

Beispiele:

	Devanāgarī	Transliteration	Aussprache	Übersetzung
Sanskrit	उज्झ्	ujjh	ujjh	entkommen
	झष	jhaṣa	jhaṣa	Fisch
	झटिति	jhaṭiti	jhaṭiti	sofort
Hindī	झक	jhaka	jhak	Laune
	झकझक	jhakajhaka	jhakjhak	Streit
	झलमल	jhalamala	jhalmal	Lichterglanz
Marāṭhī	झळ	jhaḷa	jhaḷ	Windstoß
	झटका	jhaṭakā	jhaṭkā	Schlag, Stoß
	झोपडी	jhopaḍī	jhopḍī	kleine Hütte
Nepālī	अझ	ajha	ajh	noch
	झोला	jholā	jholā	Handtasche
	झगडा	jhagaḍā	jhagḍā	Streit

Devanāgarī	Lautschrift	Transliteration
ञ	[ɲʌ]	ña

ञ kommt beinahe ausschließlich in Ligaturen mit den Konsonantenzeichen seiner palatalen Reihe vor. Im Hindī und Marāṭhī wird das Zeichen zumeist durch den Anusvāra ersetzt. Vergleichsweise häufiger erscheint es im Nepālī, wenngleich es auch hier häufig durch Anusvāra ersetzt ist.

Aussprache
ञ klingt wie *ni* im englischen *opinion.*

Im Nepālī wird ञ aus Sanskrit-Lehnwörtern zu dentalem *n*. Wenn im Nepālī ञ् zweiter Teil einer Ligatur mit ज ist, auf die ein anderer Vokal folgt als der Diphthong *ai* (also jñ+Vokal außer *ai*), wird diese Ligatur ausgesprochen wie *gy* + nasalierter Vokal. Beispiel: jñāna > gyā̃na.

Beispiele:

Da in den Gegenwartssprachen ञ meist durch Anusvāra ersetzt wird, sind nur Sanskritwörter und zwei Wörter aus dem Nepālī aufgenommen.

	Devanāgarī	Transliteration	Aussprache	Übersetzung
Sanskrit	गञ्जाजिका	gañjājikā	gañjājikā	Hanf
	आञ्जन	āñjana	āñjana	Salbe
	कुञ्जिका	kuñjikā	kuñjikā	Schwarz-kümmel
Nepālī	अञ्चल	añcala	añcal	Ancal, eine Verwaltungs-zone Nepals
	अञ्चुली	añculī	añculi	aneinander-gelegte Handflächen

(3) Retroflexe

Devanāgarī	Lautschrift	Transliteration
ट	[t^]	ṭa

Schreibweise

Aussprache
ट wird richtig ausgesprochen, wenn man mit der Zungenspitze oder sogar mit der Hinterseite des vorderen Zungenteils den harten Gaumen in seinem hinteren Bereich berührt. ट् klingt ähnlich dem *t* des englischen Wortes *try*.

Beispiele:

	Devanāgarī	Transliteration	Aussprache	Übersetzung
Sanskrit	कट	kaṭa	kaṭa	Geflecht, Matte
	कटक	kaṭaka	kaṭaka	Strang, Ring
	कटखादक	kaṭakhādaka	kaṭakhādaka	Schakal
Hindī	कटु	kaṭu	kaṭu	bitter
	टिकट	ṭikaṭa	ṭikaṭ	Fahrkarte
	कटकट	kaṭakaṭa	kaṭkaṭ	Geräusch klappernder Zähne
Marāṭhī	कट	kaṭa	kaṭ	Verschwörung
	टक्का	ṭakkā	ṭakkā	Teil, Prozent
	झटका	jhaṭakā	jhaṭkā	Schlag, Stoß
Nepālī	टिकट	ṭikaṭa	ṭikaṭ	Fahrkarte
	टिकाउ	ṭikāu	ṭikāu	dauerhaft
	टाउको	ṭāuko	ṭāuko	Kopf

Devanāgarī	Lautschrift	Transliteration
ठ	[ṭʰʌ]	ṭha

Schreibweise

Aussprache
ठ wird ausgesprochen wie ट mit einer hörbaren Aspiration.

Beispiele:

	Devanāgarī	Transliteration	Aussprache	Übersetzung
Sanskrit	ठ	ṭha	ṭha	Dröhnen
	पठ्	paṭh	paṭh	vortragen
	पठक	paṭhaka	paṭhaka	Leser
Hindī	ठ	ṭha	ṭha	Dröhnen
	ठग	ṭhaga	ṭhag	Dieb
	ठकठक	ṭhakaṭhaka	ṭhakṭhak	Klopfen
Marāṭhī	गोठा	goṭhā	goṭhā	Kuhstall
	ठीक	ṭhīka	ṭhīk	richtig
	ठेच	ṭheca	ṭhec	Stolpern
Nepālī	ठग	ṭhaga	ṭhag	Dieb
	ठक्कर	ṭhakkara	ṭakkar	Unfall
	पठाउनु	paṭhāunu	paṭhāunu	schicken

Devanāgarī	Lautschrift	Transliteration
ड	[dʌ]	ḍa

Schreibweise

Aussprache

Bei der Aussprache der Silbe ड biegt man seine Zunge nach oben, berührt mit der hinteren Seite der Zungenspitze den hinteren Bereich des harten Gaumens und läßt während der Aussprache seinem Mund keine Atemluft entströmen. Der Laut entspricht etwa *d* im englischen *drain*.

Im Marāṭhī wird ड unterschiedlich ausgesprochen, je nachdem ob es am Wortanfang oder in der Mitte und am Ende des Wortes steht: Am Wortanfang klingt ड wie oben beschrieben, in der Mitte oder am Ende des Wortes klingt bei der Aussprache ein r-Laut vor ड an.

Beispiele:

	Devanāgarī	Transliteration	Aussprache	Übersetzung
Sanskrit	गड	gaḍa	gaḍa	Hülle, Schirm
	गडक	gaḍaka	gaḍaka	Hülle, Schirm
	गडधार	gaḍadhāra	gaḍadhāra	Schirmträger
Hindī	डर	ḍara	ḍar	Furcht
	डगर	ḍagara	ḍagar	Pfad, Weg
	डटना	ḍaṭanā	ḍaṭnā	stehen bleiben
Marāṭhī	गोड	goḍa	goḍ	süß
	खडी	khaḍī	khaḍī	kleine Steine
	डाक्टर	ḍākṭara	ḍākṭar	Doktor
Nepālī	डण्डी	ḍaṇḍī	ḍaṇḍi	Stock
	डोको	ḍoko	ḍoko	Bambuskorb, der auf der Schulter getragen wird
	डाक्टर	ḍākṭara	ḍākṭar	Doktor

Devanāgarī	Lautschrift	Transliteration
ढ	[ḍʰʌ]	ḍha

Schreibweise

Aussprache
ढ entspricht ड, aber mit einer deutlich hörbaren Aspiration.

Beispiele:

	Devanāgarī	Transliteration	Aussprache	Übersetzung
Sanskrit	ढौक्	ḍhauk	ḍhauk	sich nähern
	गाढ	gāḍha	gāḍha	fest, angedrückt
	ढौकन	ḍhaukana	ḍhaukana	Anbieten
Hindī	ढड्ढा	ḍhaḍḍhā	ḍhaḍḍhā	Rahmen
	ढलना	ḍhalanā	ḍhalnā	rollen, fließen
	ढलकना	ḍhalakanā	ḍhalaknā	rollen
Marāṭhī	ओढा	oḍhā	oḍhā	Fluß
	एवढा	evaḍhā	evḍhā	so groß
	ढीग	ḍhīga	ḍhīg	Haufen
Nepālī	ढक	ḍhaka	ḍhak	Waagschale
	बाढि	bāḍhi	bāḍhi	Flut
	ढोका	ḍhokā	ḍhokā	Türe

Devanāgarī	Lautschrift	Transliteration
ण oder ण	[ɳʌ]	ṇa

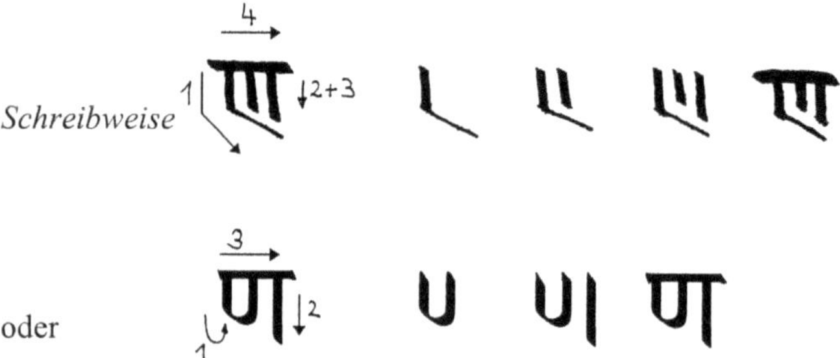

Aussprache
ण wird entsprechend den retroflexen Konsonanten seiner Reihe ausgesprochen mit der Zungenspitze am harten Gaumen. Es klingt ähnlich wie *n* im englischen *dint*.

Im Nepālī und in bestimmten Gebieten des Dekhan im Marāṭhī wird ण meist wie ein dentales *n* ausgesprochen.

Beispiele:

	Devanāgarī	Transliteration	Aussprache	Übersetzung
Sanskrit	अणु	aṇu	aṇu	klein, fein
	अणक	aṇaka	aṇaka	unbedeutend, klein
	ऋृण	r̥̄ṇa	r̥̄ṇa	flüchtig (Dieb)
Hindī	ढङ्कण	ḍhaṅkaṇa	ḍhaṅkaṇ	Moos
	कारण	kāraṇa	kāraṇ	Grund, Anlaß
	दक्षिण	dakṣiṇa	dakṣiṇ	Süden
Marāṭhī	आणि	āṇi	āṇi	und
	कठीण	kaṭhīṇa	kaṭhīṇ	schwer, hart
	अंगण	aṁgaṇa	aṅgaṇ	bestimmtes Längenmaß
Nepālī	झण्डा	jhaṇḍā	jhaṇḍā	Flagge
	अन्नपूर्णा	annapūrṇā	annapūrṇā	Annapurna
	घोषणा	ghoṣaṇā	ghoṣṇā	Ankündigung

Nur im Altindischen und im Marāṭhī kommt das Zeichen ळ für l̥a vor:

Devanāgarī	Lautschrift	Transliteration
ळ	[ɭʌ]	l̥a

Schreibweise

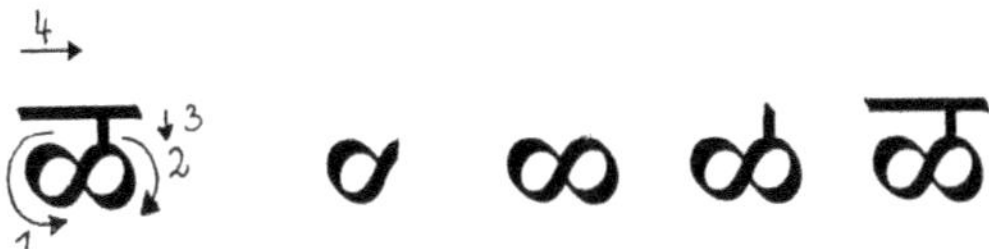

Aussprache
Wie die Konsonanten der zirkumflexen Reihe wird auch *l̥a* mit zurückgebogener Zungenspitze am Gaumen ausgesprochen.

Beispiele:

	Devanāgarī	Transliteration	Aussprache	Übersetzung
Sanskrit	ईळ्	īḷ	īḷ	bitten, preisen
	इळा	iḷā	iḷā	Erfrischung
	ऐळ	aiḷa	aiḷa	Sohn der Iḷā
Marāṭhī	ओळख	oḷakha	oḷakh	Wissen
	कंटाळा	kaṁṭāḷā	kaṇṭāḷā	Langeweile
	जवळजवळ	javaḷajavaḷa	javaḷjavaḷ	nahe, beinahe

Im Hindī und im Nepālī kommen neben den aufgeführten Retroflexen noch zwei weitere Silbenzeichen vor, die zur selben Reihe gehören:

Devanāgarī	Lautschrift	Transliteration
ड़	[ɽʌ]	ṛa

Schreibweise (wie das Silbenzeichen ड mit einem sehr kurzen Strich darunter)

Aussprache
ड़ entspricht weitgehend dem retroflexen ड und wird verwendet, wenn jenes zwischen zwei Vokalen vorkommt. Bei der Aussprache von ड़ bewegt sich die Zunge noch schneller von hinten nach vorne als bei der Aussprache von ड.

Beispiele:

	Devanāgarī	Transliteration	Aussprache	Übersetzung
Hindī	उड़िया	uṛiyā	uṛiyā	Oṛiyā (Sprache)
	खड़ी बोली	khaṛī bolī	khaṛī bolī	moderne Standard Hindī
	घबड़ाना	ghabaṛānā	ghabṛānā	aufgeregt sein
Nepālī	डाँड़ो	ḍā̃ṛo	ḍāṇṛo	Kamm, Grat
	पछाड़ी	pachāṛī	pachāṛi	hinter, zurück
	पौड़ी खेल्नु	pauṛi khelnu	pauṛi khelnu	schwimmen

Devanāgarī	Lautschrift	Transliteration
ढ़	[ɽʰʌ]	ṛha

Schreibweise (wie das Silbenzeichen ढ mit einem sehr kurzen Strich darunter)

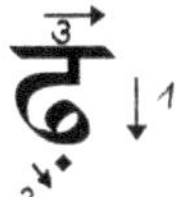

Aussprache
ढ़, das aspirierte ड़, entspricht dem retroflexen ढ zwischen Vokalen.

Beispiele:

	Devanāgarī	Transliteration	Aussprache	Übersetzung
Hindī	ओढ़ना	oṛhanā	oṛhnā	tragen, bedecken
	चढ़ना	caṛhanā	caṛhnā	aufsteigen
	बढ़ना	baṛhanā	baṛhnā	zunehmen, wachsen
Nepālī	रेढ़	reṛha	reṛh	eineinhalb
	पढ़ाउनु	paṛhāunu	paṛhāunu	lehren
	पढ़े लेखेको	paṛhe lekheko	paṛhe lekheko	schreibkundig

(4) Dentale

Devanāgarī	Lautschrift	Transliteration
त	[t̪ʌ]	ta

Schreibweise

Die erste Linie von *ta* wird ausnahmsweise nicht von links nach rechts gezogen, sondern von rechts nach links.

Aussprache

त् wie das deutsche *t* in *Tafel*, aber ohne Aspiration.

Beispiele:

	Devanāgarī	Transliteration	Aussprache	Übersetzung
Sanskrit	गत	gata	gata	gegangen
	जाति	jāti	jāti	Geburt
	तक्षक	takṣaka	takṣaka	Zimmermann
Hindī	तक	taka	tak	bis
	छाता	chātā	chātā	Schirm
	तगद्मा	tagadamā	tagdamā	Schätzung
Marāṭhī	आता	ātā	ātā	jetzt
	कोणता	koṇatā	koṇtā	welches?
	तत्पुरता	tātpuratā	tātpurtā	zeitweilig, vorläufig
Nepālī	कता	katā	katā	wo?
	जात	jāta	jāt	Gesellschafts-schicht
	जता तते	jatā tatai	jatā tatai	hier und da, überall

Devanāgarī	Lautschrift	Transliteration
थ	[thʌ]	tha

Schreibweise

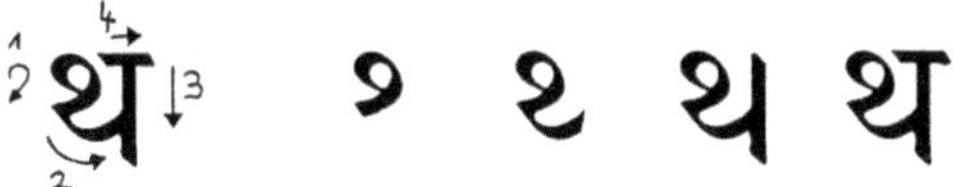

Aussprache
थ wird gesprochen wie त, aber mit deutlicher Aspiration.

Beispiele:

	Devanāgarī	Transliteration	Aussprache	Übersetzung
Sanskrit	तथा	tathā	tathā	so, ebenso
	कथक	kathaka	kathaka	Erzähler
	तथागत	tathāgata	tathāgata	derartig
Hindī	थूक	thūka	thūk	Spucke
	कथक	kathaka	kathak	Erzähler
	कथानक	kathānaka	kathānak	Kurz-geschichte
Marāṭhī	अर्थात्	arthāt	arthāt	natürlich
	इथं	ithaṁ	itham	hier, von hier
	थोडका	thoḍakā	thoḍkā	sehr klein
Nepālī	कथा	kathā	kathā	Geschichte
	थाक	thāka	thāk	Stapel
	थमपिन	thamapina	thampin	Reißzwecke

Devanāgarī	Lautschrift	Transliteration
द	[dʌ]	da

Schreibweise

Aussprache
द् wird gesprochen wie das deutsche *d* in *Dame*.

Beispiele:

	Devanāgarī	Transliteration	Aussprache	Übersetzung
Sanskrit	तद्	tad	tad	da
	दण्डक	daṇḍaka	daṇḍaka	Stock
	कदम्बक	kadambaka	kadambaka	Name eines Baumes
Hindī	दक्ष	dakṣa	dakṣ	fähig, schlau
	चादर	cādara	cādar	Laken
	दगदगा	dagadagā	dagdagā	Zweifel, Furcht
Marāṭhī	इंदु	iṁdu	indu	ein Mädchenname
	अगदी	agadī	agdī	wirklich
	कदाचित्	kadācit	kadācit	vielleicht
Nepālī	कदापि	kadāpi	kadāpi	niemals
	गिदी	gidī	gidi	Gehirn
	दमकल	damakala	damkal	Feuerwehr

Devanāgarī	Lautschrift	Transliteration
ध	[dhʌ]	dha

Schreibweise

Aussprache
ध wird gesprochen wie द, aber mit deutlicher Aspiration.

Beispiele:

	Devanāgarī	Transliteration	Aussprache	Übersetzung
Sanskrit	धट	dhaṭa	dhaṭa	Waagschale
	धटक	dhaṭaka	dhaṭaka	bestimmtes Gewicht
	अधिक	adhika	adhika	größer, stärker
Hindī	धक	dhaka	dhak	Aufregung
	धकचा	dhakacā	dhakcā	Stoß
	धकधकना	dhakadhakanā	dhakdhaknā	aufregen
Marāṭhī	आधि	ādhi	ādhi	zuerst, zuvor
	धंदा	dhaṁdā	dhandā	Beschäftigung, Handel
	गोंधळ	goṁdhaḷa	gondhḷa	Aufruhr, Unordnung
Nepālī	धूप	dhūpa	dhup	Hitze
	धमाधम	dhamādhama	dhamādham	ohne Unterbrechung
	धूमधाम	dhūmadhāma	dhumdhām	Intensität

Devanāgarī	Lautschrift	Transliteration
न	[nʌ]	na

Schreibweise

Aussprache
न् wird gesprochen wie das *n* in *Nabel.*

Beispiele:

	Devanāgarī	Transliteration	Aussprache	Übersetzung
Sanskrit	न	na	na	nicht
	जन	jana	jana	Mensch
	जनक	janaka	janaka	Vater
Hindī	धन	dhana	dhan	Reichtum
	धनक	dhanaka	dhanak	Bogen
	नगधर	nagadhara	nagdhar	Beiname des Gottes Kṛṣṇa
Marāṭhī	चिनी	chinī	chinī	Chinese
	आनंद	ānaṁda	ānand	Freude
	नाटक	nāṭaka	nāṭak	Schauspiel, Drama
Nepālī	दान	dāna	dān	Gabe
	दाना	dānā	dānā	Korn
	नगद	nagada	nagad	Bargeld

(5) Labiale

Devanāgarī	Lautschrift	Transliteration
प	[pʌ]	pa

Schreibweise

Aussprache
प् klingt wie das deutsche *p* in *Pilger* oder wie *p* im französischen *pique*, ohne den Buchstaben zu aspirieren.

Beispiele:

	Devanāgarī	Transliteration	Aussprache	Übersetzung
Sanskrit	पक्ष	pakṣa	pakṣa	Flügel
	पचत	pacata	pacata	gekocht
	अपण्डित	apaṇḍita	apaṇḍita	ungelehrt
Hindī	पता	patā	patā	Adresse
	पकना	pakanā	paknā	garen
	पचपन	pacapana	pacpan	fünfzig-fünfzig
Marāṭhī	पद्	pada	pad	Rang, Position
	पटांगण	paṭāṁgaṇa	paṭāṅgaṇ	Spielplatz
	अपघात	apaghāta	apghāt	Unfall
Nepālī	छाप	chāpa	chāp	Einfluß, Eindruck
	आपत्	āpat	āpat	Notfall
	पढाउनु	paḍhāunu	paḍhāunu	lehren

Devanāgarī	Lautschrift	Transliteration
फ	[pʰʌ]	pha

Schreibweise

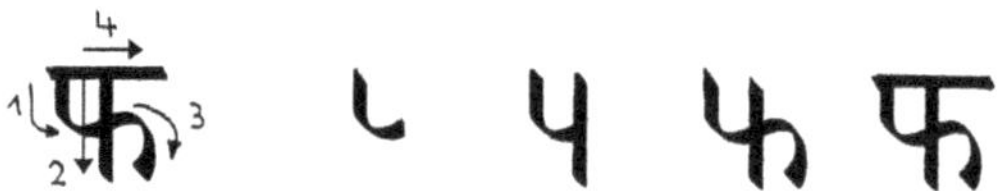

Aussprache
फ entspricht प, aber mit deutlicher Aspiration.

Beispiele:

	Devanāgarī	Transliteration	Aussprache	Übersetzung
Sanskrit	फट	phaṭa	phaṭa	Haube der Schlange
	कफज	kaphaja	kaphaja	schleimgeboren
	फणाधर	phaṇādhara	phaṇādhara	Schlange
Hindī	फक	phaka	phak	weiß, sauber
	फटक	phaṭaka	phaṭak	Kristall, Opal
	फटफटाना	phaṭaphaṭānā	phaṭphaṭānā	flattern
Marāṭhī	फक्त	phakta	phakta	nur
	फळ	phaḷa	phaḷ	Frucht
	फूलझाड	phūlajhāḍa	phūljhāḍ	blühender Baum
Nepālī	फेटा	pheṭā	pheṭā	Turban
	अफिस	aphisa	aphis	Büro
	फैसला	phaisalā	phaislā	Entscheidung

Devanāgarī	Lautschrift	Transliteration
ब	[bʌ]	ba

Schreibweise

Aussprache

ब् wird ausgesprochen wie *b* in *Baum*.

Beispiele:

	Devanāgarī	Transliteration	Aussprache	Übersetzung
Sanskrit	बट	baṭa	baṭa	ach weh!
	बाधन	bādhana	bādhana	Peinigen
	निबन्धन	nibandhana	nibandhana	Festbinden
Hindī	बग	baga	bag	Ente
	बचत	bacata	bacat	Schutz
	बचपन	bacapana	bacpan	Kindheit
Marāṭhī	ताबा	tābā	tābā	Kontrolle
	बाबत	bābata	bābat	Geschehen, Affäre
	जबाबदार	jabābadāra	jabābdār	verantwortlich
Nepālī	बधू	badhū	badhu	Braut
	गडबड	gaḍabaḍa	gaḍbaḍ	Verwirrung
	निबेदन	nibedana	nibedan	Gesuch

Devanāgarī	Lautschrift	Transliteration
भ	[bhʌ]	bha

Schreibweise

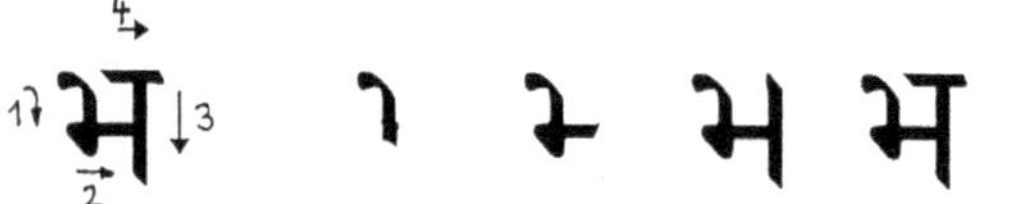

Aussprache
भ wird ausgesprochen wie ब, aber mit deutlicher stimmhafter Aspiration.

Beispiele:

	Devanāgarī	Transliteration	Aussprache	Übersetzung
Sanskrit	भक्ष्	bhakṣ	bhakṣ	verzehren
	भक्षण	bhakṣaṇa	bhakṣaṇa	Verzehren
	अभिधा	abhidhā	abhidhā	Name
Hindī	भक्ष	bhakṣa	bhakṣ	Essen
	भक्षण	bhakṣaṇa	bhakṣaṇ	Verzehren
	भटकना	bhaṭakanā	bhaṭaknā	herumlungern
Marāṭhī	उभा	ubhā	ubhā	aufrecht stehen
	भाजी	bhājī	bhājī	Gemüse
	भोपळा	bhopaḷā	bhopḷā	Kürbis
Nepālī	भात	bhāta	bhāt	gekochter Reis
	भबन	bhabana	bhaban	Gebäude
	निभाउनु	nibhāunu	nibhāunu	Gesuch

Devanāgarī	Lautschrift	Transliteration
म	[mʌ]	ma

Schreibweise

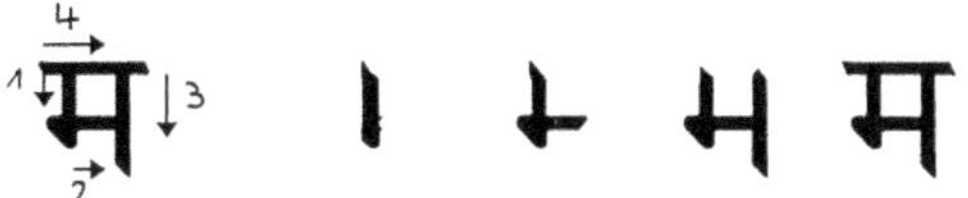

Aussprache

म् wird gesprochen wie *m* in *Maus*.

Beispiele:

	Devanāgarī	Transliteration	Aussprache	Übersetzung
Sanskrit	मख	makha	makha	munter, lustig
	मगध	magadha	magadha	das Land Magadha
	गमन	gamana	gamana	Gehen
Hindī	तम	tama	tam	Finsternis
	मकान	makāna	makān	Haus
	जमघट	jamaghaṭa	jamghaṭ	Ansammlung
Marāṭhī	मजा	majā	majā	Freude, Vergnügen
	आमचा	āmacā	āmcā	unser
	अधूनमधून	adhūna-madhūna	adhūnmadhūn	von Zeit zu Zeit
Nepālī	दिमाग	dimāga	dimāg	Gehirn, Kopf
	बमोजिम	bamojima	bamojim	entsprechend
	मतलब	matalaba	matlab	Bedeutung

b) *Halbvokale*

Devanāgarī	Lautschrift	Transliteration
य	[ĭʌ]	ya

Schreibweise

Aussprache

य ist den palatalen Lauten zugeordnet. Im Altindischen, im Hindī und im Marāṭhī wird य ausgesprochen wie *ya*.

Nur im Nepālī gelten andere Regeln für die Aussprache von य. Das Zeichen wird in dieser Sprache meist wie *e* im englischen *bed* ausgesprochen (Beispiel: yati > eti). Folgt auf य्, wenn es im Anlaut steht, der Vokal *i* (यि), wird य् nicht realisiert (Beispiel: yini > ini). Ist य् zweiter Teil einer Ligatur, der ein Vokal vorausgeht und auf die ein Vokal folgt, wird der Konsonant vor य् in der Ligatur bei der Aussprache verdoppelt, य् wird ausgesprochen *y* (Beispiel: udyoga > ud-dyog).

Beispiele:

	Devanāgarī	Transliteration	Aussprache	Übersetzung
Sanskrit	योग	yoga	yoga	der Yoga
	नयन	nayana	nayana	Auge
	यथाकामम्	yathākāmam	yathākāmam	nach Belieben
Hindī	योग	yoga	yog	der Yoga
	नयन	nayana	nayan	Auge
	योगदान	yogadāna	yogdān	Beitrag
Marāṭhī	या	yā	yā	Pronomen: diese
	आयात	āyāta	āyāt	Import
	योजना	yojanā	yojnā	Plan
Nepālī	नियम	niyama	nem od. niyam	noch
	प्रयोग	prayoga	prayog	Gebrauch
	यति	yati	eti od. yati	so viel

Devanāgarī	Lautschrift	Transliteration
र	[rʌ]	ra

Schreibweise

Folgt auf den Konsonanten र् ein vokalisches ṛ, ऋ, oder ein Konsonant, wird र् durch einen nach rechts geöffneten Haken über dem waagrechten Abschlußstrich des folgenden Zeichens geschrieben. Es steht immer rechts von Vokalbezeichnungen, die über dem waagrechten Abschlußstrich stehen (Beispiele: karmena कर्मेन, artha अर्थ, darbar दर्बर).

Folgt in einer Ligatur die Silbe र auf einen Konsonanten, wird sie geschrieben durch einen schrägen Strich von rechts oben nach links unten am senkrechten Strich des vorausgehenden Konsonanten (Beispiele: tatra तत्र, pradīpa प्रदीप) oder am mittleren Punkt des unteren Teiles des vorausgehenden Konsonanten. (Beispiel: droṇī द्रोणी).

Aussprache

र् wird gesprochen wie *r* im englischen *very* oder im italienischen *Maria*.

Beispiele:

	Devanāgarī	Transliteration	Aussprache	Übersetzung
Sanskrit	राम	rāma	rāma	Gott Rāma
	मरण	maraṇa	maraṇa	Sterben, Tod
	रामायण	rāmāyaṇa	rāmāyaṇa	gleichnamiges Epos
Hindī	राणा	rāṇā	rāṇā	Titel eines Fürsten
	आगरा	āgarā	āgrā	die Stadt Agra
	पथरी	patharī	pathrī	Gallenstein
Marāṭhī	कुमारी	kumārī	kumārī	Mädchen
	उच्चार	uccāra	uccār	Aussprache
	किरकोळ	kirakoḷa	kirkoḷ	kleiner, weniger
Nepālī	रीति	rīti	riti od. rit	Gewohnheit
	मजदूर	majadūra	majdur	Arbeiter
	राम्ररी	rāmrarī	rāmrari	gut, sicher

Devanāgarī	Lautschrift	Transliteration
ल oder ळ	[lʌ]	la

Schreibweise

Die erste Linie von *la* wird ausnahmsweise nicht von links nach rechts gezogen, sondern von rechts nach links.

oder

Aussprache

ल् wird gesprochen wie *l* in *Latein*.

Beispiele:

	Devanāgarī	Transliteration	Aussprache	Übersetzung
Sanskrit	लोक	loka	loka	Welt
	लोचन	locana	locana	Auge
	लोकपाल	lokapāla	lokapāla	Weltschützer
Hindī	माला	mālā	mālā	Blumen-girlande
	मिलना	milanā	milnā	sich treffen (mit)
	लखनउ	lakhanau	lakhnau	Stadt Lukhnow
Marāṭhī	खोल	khola	khol	tief
	खोली	kholī	kholī	Zimmer
	लठ्ठ	laṭhṭha	laṭhṭha	fett
Nepālī	दल	dala	dal	Gruppe
	तलब	talaba	talab	Bezahlung
	लुगलुग	lugaluga	luglug	zittern

Devanāgarī	Lautschrift	Transliteration
व	[ˈʋʌ]	va

Schreibweise

Aussprache

व् wird gesprochen wie *w* in *wann.*

Nur im Nepālī wird व् selten wie *w* ausgesprochen, sondern meist wie *b*. Dies schlägt sich auch in der Schreibweise nieder, wo oftmals statt des aus etymologischen Gründen zu erwartenden व das Zeichen ब erscheint. व् wird wie *w* gesprochen, wenn es in einer Ligatur direkt auf einen Konsonanten folgt und wenn es vor einem anderen Vokal als *a* steht. Folgt der Vokal *a*, so wird व wie *wa* oder wie *o* gesprochen (Beispiel: svarga > swarga oder sorga). In arabisch-persichen Lehnwörtern des Hindī wird aus व im Anlaut *o* (Beispiel: vajan > ojan), aus वा wird wā (Beispiel: vāstā > wāstā).

Beispiele:

	Devanāgarī	Transliteration	Aussprache	Übersetzung
Sanskrit	वाज्	vāj	vāj	Rede, Wort
	वचन	vacana	vacana	Sprechen
	रूपवत्	rūpavat	rūpavat	schön
Hindī	रेलवे	relave	relve	Eisenbahn
	वेतन	vetana	vetan	Lohn
	वकालत	vakālata	vakālat	Anwaltsberuf
Marāṭhī	वगैरे	vagaire	vagaire	usw.
	आवाज	āvāja	āvāj	Stimme, Laut
	लवकर	lavakara	lavkar	schnell, früh
Nepālī	तलवार	talavāra	talbār	Schwert
	वाक्य	vākya	bākya	Satz
	विवेक	viveka	bibek	Gewissen

c) *Zischlaute*

Devanāgarī	Lautschrift	Transliteration
श oder श्‍	[ʃʌ]	śa

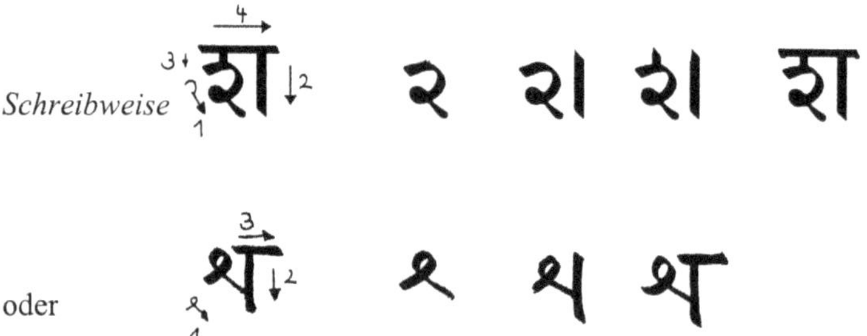

Aussprache

श ist ein palataler Laut und wird entsprechend den Palatalen gebildet, indem die Zungenfläche am harten Gaumen, also an seinem vorderen Teil liegt. श् wird gesprochen wie *sch* in *Schablone*.

Im Nepālī wird श meist wie *s* gesprochen.

Beispiele:

	Devanāgarī	Transliteration	Aussprache	Übersetzung
Sanskrit	शिव	śiva	śiva	Gott Śiva, glücklich
	शयन	śayana	śayana	Lager
	निवेशन	niveśana	niveśana	Wohnung
Hindī	शाम	śāma	śām	Abend
	रेशम	reśama	reśam	Seide
	शरारत	śarārata	śarārat	Schaden
Marāṭhī	आदेश	ādeśa	ādeś	Befehl
	इशारा	iśārā	iśārā	Zeichen, Wink
	उशिरा	uśirā	uśirā	spät
Nepālī	आदेश	ādeśa	ādes	Anweisung
	कलश	kalaśa	kalas	ein Gefäß
	शिशिर	śiśira	sisir	Winter

Devanāgarī	Lautschrift	Transliteration
ष	[ʂʌ]	ṣa

Schreibweise

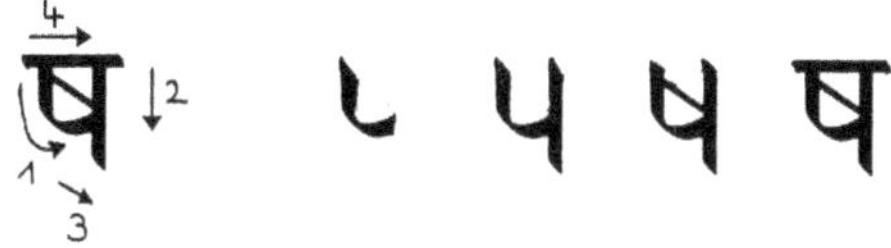

Aussprache

ष ist das Zeichen für den retroflexen Laut und wird enstprechend den Retroflexen gebildet, indem die hintere Seite der Zungenspitze am hinteren Teil des harten Gaumens liegt. Es wird ausgesprochen wie *sh* im englischen *show*.

Im Nepālī erscheint das Zeichen nur in Sanskrit-Lehnwörtern und wird dort meist wie *s* ausgesprochen.

Beispiele:

	Devanāgarī	Transliteration	Aussprache	Übersetzung
Sanskrit	षष्	ṣaṣ	ṣaṣ	sechs
	भूषण	bhūṣaṇa	bhūṣaṇa	Schmuck
	विषादिन्	viṣādin	viṣādin	verzagt
Hindī	शेष	śeṣa	śeṣ	Rest
	शोषण	śoṣaṇa	śoṣaṇ	Austrocknen
	षट्पद	ṣaṭpada	ṣaṭpad	sechs Beine habend
Marāṭhī	भाषा	bhāṣā	bhāṣā	Sprache
	कलुषित	kaluṣita	kaluṣit	benachteiligt
	विशेष	viśeṣa	viśeṣ	besonders, speziell
Nepālī	भाषा	bhāṣā	bhāsā	Sprache
	षड्यन्त्र	ṡaḍyantra	saḍyantra	Verschwörung
	औषधि	auṣadhi	ausadhi	Medizin

Devanāgarī	Lautschrift	Transliteration
स	[sʌ]	sa

Schreibweise

Aussprache
Die Aussprache des Zeichens für dentales स् entspricht dem deutschen *ss* in *fassen*. Man muß darauf achten, स nicht stimmhaft auszusprechen wie z. B. im englischen *his*.

Beispiele:

	Devanāgarī	Transliteration	Aussprache	Übersetzung
Sanskrit	सखा	sakhā	sakhā	Freundschaft
	समय	samaya	samaya	Zeit
	सुकुमार	sukumāra	sukumāra	zart
Hindī	बस	basa	bas	genug
	संगम	saṁgama	saṅgam	Versammlung, Treffen
	सोमवार	somavāra	somvār	Montag
Marāṭhī	केस	kesa	kes	Haar
	आरसा	ārasā	ārsā	Spiegel
	काळसर	kāḷasara	kāḷsar	schwärzlich
Nepālī	किसान	kisāna	kisān	Bauer
	किसमिस	kisamisa	kismis	Rosinen
	सफल	saphala	saphal	erfolgreich

In arabischen und persischen Lehnwörtern des Hindī erscheinen zusätzlich folgende Zischlaute:

Devanāgarī	Lautschrift	Transliteration
ख़	[xʌ]	kha

Schreibweise (wie das Silbenzeichen ख mit einem sehr kurzen Strich darunter)

Aussprache
ख़ wird ähnlich wie *ch* in den Worten *ach* oder *Buch* gesprochen, jedoch noch weiter hinten im Ansatzrohr mit einem hörbaren Kratzen.

Beispiele:

	Devanāgarī	Transliteration	Aussprache	Übersetzung
Hindī	ख़त	khata	khat	Brief
	ख़बर	khabara	khabar	Neuigkeiten
	कारख़ाना	kārakhānā	kārkhānā	Fabrik

Devanāgarī	Lautschrift	Transliteration
ग़	[ɣʌ]	g̲a

Schreibweise (wie das Silbenzeichen ग mit einem sehr kurzen Strich darunter)

Aussprache
Wird ähnlich wie ग ausgesprochen, jedoch noch weiter hinten im Ansatzrohr mit einem hörbaren Kratzen wie in ख़.

Beispiele:

	Devanāgarī	Transliteration	Aussprache	Übersetzung
Hindī	के बग़ैर	ke bag̲aira	ke bag̲air	ohne
	ग़रीब	g̲arība	g̲arīb	arm
	ग़ायब	g̲āyaba	g̲āyab	verschwunden

Devanāgarī	Lautschrift	Transliteration
ज़	[zʌ]	za

Schreibweise (wie das Silbenzeichen ज mit einem sehr kurzen Strich darunter)

Aussprache
ज़ wird gesprochen wie *s* in *sagen* oder *Rose*.

Beispiele:

	Devanāgarī	Transliteration	Aussprache	Übersetzung
Hindī	अरज़ी	arazī	arzī	Applikation
	आवाज़	āvāza	āvāz	Stimme, Laut
	ज़रूरी	zarūrī	zarūrī	notwendig, wichtig

Devanāgarī	Lautschrift	Transliteration
फ़	[fʌ]	fa

Schreibweise (wie das Silbenzeichen फ mit einem sehr kurzen Strich darunter)

Aussprache
फ़ wird gesprochen wie *f* im englischen Wort *find*.

Beispiele:

	Devanāgarī	Transliteration	Aussprache	Übersetzung
Hindī	काफ़ी	kāfī	kāfī	Kaffee
	अफ़सोस	afasosa	afsos	Bedauern
	फ़ायदा	fāyadā	fāydā	Gewinn, Profit

d) *Hauchlaut*

Devanāgarī	Lautschrift	Transliteration
ह	[hʌ]	ha

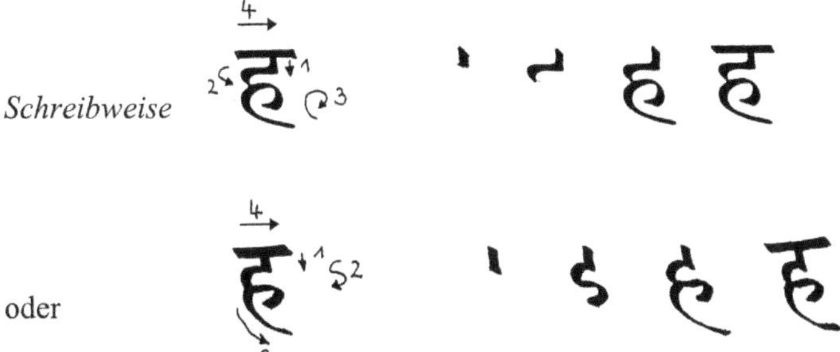

Aussprache
Ursprünglich gilt ह als tönender Laut, er wird jedoch gewöhnlich wie *ha* ausgesprochen.

Im Nepālī spricht man intervokalisches ह meist nicht, wobei man entweder die zwei verschiedenen Vokale vor und nach ह in eine Silbe zusammenzieht, oder sie in zwei Silben spricht (Beispiel: dahī > dai oder da.i, bāhek > bāek oder bā.ek). Intervokalisches ह zwischen zwei gleichen Vokalen wird meist nicht gesprochen, wobei die beiden Vokale entweder zu einem, aber einem kurzen, zusammengezogen oder einzeln ausgesprochen werden. (Beispiel: dohoro > doro oder do.oro).

Beispiele:

	Devanāgarī	Transliteration	Aussprache	Übersetzung
Sanskrit	हार	hāra	hāra	Perlenschnur
	हासिन्	hāsin	hāsin	lächelnd
	महाराज	mahārāja	mahārāja	Großkönig
Hindī	हाथ	hātha	hāth	Hand
	होटल	hoṭala	hoṭal	Hotel
	महाधान	mahādhāna	mahādhān	teuer
Marāṭhī	हिंदु	hiṁdu	hindu	Hindu
	हालचाल	hālacāla	hālcāl	Bewegung
	लहानपण	lahānapaṇa	lahānpaṇ	Kindheit
Nepālī	उहिले	uhile	u.ile	einmal, einst
	गाहकि	gāhaki	gā.aki	Kundschaft
	हिमालय	himālaya	himālaya	der Himālaya

5. Sekundäre Lautzeichen

a) *Anusvāra, Anunāsika oder Candrabindu*
Schreibweise
Die Fixierung eines Phonems mit Anusvāra und Anunāsika oder Candrabindu folgt den üblichen Regeln: Die Zeichen werden vor dem waagrechten Abschlußstrich geschrieben, aber nach dem Vokalzeichen. Sie stehen in der Mitte über dem Zeichen.

क	कं	कं			kaṁ
गा	गां	गां			gāṁ
।	।भ	भि	भिं	भिं	bhiṁ
र	रा	रो	रों	रों	roṁ
हा	हाँ	हाँ			hā̃
हू	हूँ	हूँ			hū̃

Aussprache
Die Zeichen für die Nasallaute werden im Auslaut, wenn sie für म् stehen, wie *m* ausgesprochen, im Inlaut vor Verschlußlauten wie die Nasale ihrer Klasse, vor Halbvokalen, Zischlauten und dem Hauchlaut wie auslautendes *n* im Französischen. Nasalieren sie Vokale, werden sie allein durch die Nase realisiert, ähnlich dem französichen *n* in *bon*.

Ausnahmen dazu gibt es im Marāṭhī. Dort finden sich zahlreiche Wörter, bei denen der Anusvāra zwar noch geschrieben wird, aber in der Aussprache keine Beachtung mehr findet. Bis auf wenige Ausnahmen wird der Anusvāra am Ende eines Wortes im Marāṭhī nicht ausgesprochen.

Beispiele für Anusvāra aus dem Sanskrit:

	Devanāgarī	Transliteration	Aussprache	Übersetzung
Sanskrit	पतंग	pataṁga	pataṅga	fliegend
	कंज	kaṁja	kañja	Lotus
	संडीन	saṁḍīna	saṇḍīna	Zusammenfliegen

Sanskrit	संतोष	saṁtoṣa	santoṣa	Befriedigung
	संपद्	saṁpad	sampad	Vollendung
	हंस	haṁsa	haṁsa	Gans

Beispiele für Anunāsika oder Candrabindu aus dem Hindī:

	Devanāgarī	Transliteration	Aussprache	Übersetzung
Hindī	जहाँ	jahā̃	jahāṁ	wo?
	मूँगफली	mū̃gaphalī	mūṅgphalī	Erdnuß
	भाँजा	bhā̃jā	bhāñjā	Neffe
	बँटना	bãṭanā	baṇṭnā	gestört sein
	बँधना	bãdhanā	bandhnā	gebunden sein
	जँभाई	jãbhāī	jambhāī	Gähnen
	मुँह	mũha	muṁh	Gesicht, Mund

b) *Visarga*

Schreibweise

Der Visarga wird nach dem Zeichen geschrieben, dem er folgt.

ग।	ग	गः	gaḥ
क	को	कोः	koḥ

Aussprache

Der Visarga wird realisiert durch eine deutlich hörbare Aspiration oder er wird ausgesprochen wie das deutsche *h*. Steht der Visarga in der Wortmitte, kommt er in den Gegenwartssprachen auch zum Ausdruck, indem man den Konsonanten verdoppelt, der dem Visarga folgt.

Im Altindischen erscheint Visarga häufig, in den Gegenwartssprachen allerdings nur selten. Im Nepālī kommt der Visarga nur in Sanskrit-Lehnwörtern vor und wird dann bei der Aussprache nicht realisiert.

Beispiele für Visarga aus dem Hindī:

	Devanāgarī	Transliteration	Aussprache	Übersetzung
Hindī	छः	chaḥ	chaḥ	sechs
	दुःख	duḥkha	duḥkh	Leid

6. Ligaturen

a) *Schreibregeln*

Wenn zwei oder mehrere Konsonanten zusammentreffen, ohne daß der Vokal *a* dazwischen gesprochen wird, werden sie meist nicht mit Virāma geschrieben (wie ग्द् für gda), sondern mit einer Ligatur (wie ग्द für gda). Die Schreibweise der Ligaturen läßt gewisse Regelmäßigkeiten erkennen:

1. Schließt der erste Konsonant einer Ligatur rechts mit einem senkrechten Strich ab, so wird der zweite danebengesetzt, indem der senkrechte Strich des ersten weggelassen wird. Beispiele: ग् g und द da > ग्द gda, घ् gh und य ya > घ्य ghya.
   Ausnahmen: Wenn न na und ल la zweite Glieder von Ligaturen sind, so werden sie - ohne ihren waagrechten Strich - meist unter das erste Glied gesetzt, auch wenn dieses Zeichen mit einem senkrechten Strich nach rechts abschließt. Beispiele: ध्न dhna, त्न tna, ल्ल lla.
   Weitere Ausnahmen zu dieser Regel: च्च cca, ञ्छ cña, ञ्च ñca, प्त pta.
2. Schließt der erste Konsonant einer Ligatur rechts nicht mit einem senkrechten Strich ab, so wird der zweite darunter gesetzt, wobei sein ihn nach oben abschließender waagrechter Strich weggelassen wird. Beispiele: क् k und क ka > क्क kka, ङ् ṅ und क ka > ङ्क ṅka.
   Ausnahmen: Wenn म ma oder य ya zweite Glieder einer Ligatur sind, so werden sie nicht unterhalb, sondern neben das erste Glied gesetzt, indem sie an ihrer linken Seite teilweise stark beschnitten werden. Beispiele: ड्म ḍma, ड्य ḍya, ढ्य ḍhya, ठ्य ṭhya.
   Eine weitere Ausnahme zu obiger Regel: क्थ ktha.
3. Vor Konsonantenzeichen und ऋ wird र् zu einem nach rechts geöffneten Haken über dem oberen Querstrich des mit ihm verbundenen Konsonanten. Beispiele: र्क rka, र्ग rga, र्ष rṣa.
4. Folgt die Silbe र einem Konsonanten, wird sie durch einen schrägen Strich von rechts oben nach links unten am senkrechten Strich oder am mittleren Punkt des unteren Teiles des vorausgehenden Konsonantenzeichens fixiert. Beispiele: क्र kra, प्र pra, द्र dra, श्र śra.
5. श verändert in einigen Ligaturen seine Form zu श्‍: श्च śca, श्न śna, श्ल śla, श्व śva.
6. Weitere Ausnahmen: क्त kta, क्ष kṣa, ज्ञ jña, त्त tta, द्द dda, द्ध ddha, द्न dna, द्भ dbha, द्व dva, ह्न hna, ह्व hva.
7. Treffen in einem Phonem mehr als zwei Konsonanten aufeinander, so werden sie nach den gleichen Regeln miteinander zu einer Ligatur verbunden. Beispiele: क्ष्य kṣya, ग्ध्व gdhva, ग्न्य gnya, त्त्य ttya, त्त्र ttra, त्स्य tsya, प्त्य ptya, स्त्र stra.

b) *Liste der gebräuchlichsten Ligaturen*

Die Liste soll zur Hilfe dienen. Für den Übenden erweist es sich nicht als notwendig, die Ligaturen einzeln zu lernen. Wenn man die Vokal- und Konsonantenzeichen kennt, kann man auch die Ligaturen lesen und selbst zusammensetzen.

(1) Sanskrit

Mit क् : क्क kka, क्ख kkha, क्त kta, क्त्य ktya, क्त्र ktra, क्त्व ktva, क्थ ktha, क्न kna, क्म kma, क्य kya, क्र kra, क्र्य krya, क्ल kla, क्व kva, क्ष oder क्ष kṣa, क्ष्ण kṣṇa, क्ष्म kṣma, क्ष्म्य kṣmya, क्ष्य kṣya, क्ष्व kṣva.

Mit ख् : ख्न khna, ख्र khra, ख्य khya.

Mit ग् : ग्द gda, ग्ध gdha, ग्ध्व gdhva, ग्न gna, ग्न्य gnya, ग्भ gbha, ग्भ्य gbhya, ग्म gma, ग्य gya, ग्र gra, ग्ल gla, ग्व gva.

Mit घ् : घ्न ghna, घ्म ghma, घ्य ghya, घ्र ghra.

Mit ङ् : ङ्क ṅka, ङ्क्त ṅkta, ङ्क्ष ṅkṣa, ङ्क्ष्व ṅkṣva, ङ्ख ṅkha, ङ्ख्य ṅkhya, ङ्ग ṅga, ङ्ग्य ṅgya, ङ्ग्र ṅgra, ङ्घ ṅgha, ङ्घ्र ṅghra, ङ्ङ ṅṅa, ङ्म ṅma.

Mit च् : च्च cca, च्छ ccha, च्छ्व cchva, च्ञ cña, च्म cma, च्य cya.

Mit छ् : छ्य chya, छ्र chra.

Mit ज् : ज्ज jja, ज्ज्ञ jjña, ज्ज्व jjva, ज्झ jjha, ज्ञ jña, ज्ञ्य jñya, ज्म jma, ज्य jya, ज्र jra, ज्व jva.

Mit ञ् : ञ्च ñca, ञ्छ ñcha, ञ्ज ñja, ञ्श ñśa.

Mit ट् : ट्क ṭka, ट्ट ṭṭa, ट्य ṭya, ट्व ṭva, ट्स ṭsa.

Mit ठ् : ठ्ठ ṭhṭha, ठ्य ṭhya, ठ्र ṭhra.

Mit ड् : ड्ग ḍga, ड्ड ḍḍa, ड्य ḍya.

Mit ढ् : ढ्य ḍhya, ढ्र ḍhra, ढ्व ḍhva.

Mit ण् : ण्ट ṇṭa, ण्ठ ṇṭha, ण्ड ṇḍa, ण्ढ ṇḍha, ण्ण ṇṇa, ण्म ṇma, ण्य ṇya, ण्व ṇva.

Mit त् : त्क tka, त्त tta, त्त्य ttya, त्त्र ttra, त्त्व ttva, त्थ ttha, त्न tna, त्न्य tnya, त्प tpa, त्फ tpha, त्म tma, त्म्य tmya, त्य tya, त्र tra, त्र्य trya, त्व tva, त्स tsa, त्स्न tsna, त्स्न्य tsnya, त्स्य tsya, त्स्व tsva.

Mit थ् : थ्य thya.

Mit द् : द्ग dga, द्ग्र dgra, द्द dda, द्द्य ddya, द्द्र ddra, द्द्व ddva, द्ध ddha, द्ध्य ddhya, द्ध्व ddhva, द्न dna, द्ब dba, द्ब्र dbra, द्भ dbha, द्भ्य dbhya, द्म dma, द्य dya, द्र dra, द्र्य drya, द्व dva, द्व्य dvya.

Mit ध् : ध्न dhna, ध्म dhma, ध्य dhya, ध्र dhra, ध्व dhva.

Mit न् : न्त nta, न्त्य ntya, न्त्र ntra, न्त्स ntsa, न्थ ntha, न्द nda, न्द्ध nddha, न्द्र ndra, न्ध ndha, न्ध्य ndhya, न्ध्र ndhra, न्न nna, न्न्य nnya, न्म nma, न्य nya, न्र nra, न्व nva, न्स nsa.

Mit प् : प्त pta, प्त्य ptya, प्न pna, प्म pma, प्य pya, प्र pra, प्ल pla, प्स psa.

Mit फ् : फ्य phya.

Mit ब् : ब्ज bja, ब्द bda, ब्ध bdha, ब्ध्व bdhva, ब्ब bba, ब्भ bbha, ब्य bya, ब्र bra.

Mit भ् : भ्न bhna, भ्य bhya, भ्र bhra, भ्व bhva.

Mit म् : म्न mna, म्प mpa, म्प्र mpra, म्ब mba, म्ब्य mbya, म्भ्य mbhya, म्य mya, म्र mra, म्ल mla.

Mit य् : य्य yya, य्व yva.

Mit र्: In Ligaturen, bei denen र् vorangeht, wird र् als Haken über dem oberen Querstrich des mit ihm verbundenen Konsonanten geschrieben. Beispiel: र्थ rtha.

Mit ल्: ल्क lka, ल्ग lga, ल्प lpa, ल्म lma, ल्य lya, ल्ल lla, ल्व lva, ल्ह lha.

Mit व्: व्न vna, व्य vya, व्र vra.

Mit श्: श्च śca, श्च्य ścya, श्न śna, श्म śma, श्य śya, श्र śra, श्र्य śrya, श्ल śla, श्व śva, श्व्य śvya.

Mit ष्: ष्क ṣka, ष्क्र ṣkra, ष्ट ṣṭa, ष्ट्य ṣṭya, ष्ट्र ṣṭra, ष्ट्र्य ṣṭrya, ष्ट्व ṣṭva, ष्ठ ṣṭha, ष्ठ्य ṣṭhya, ष्ण ṣṇa, ष्ण्य ṣṇya, ष्प ṣpa, ष्प्र ṣpra, ष्म sma, ष्य ṣya, ष्व ṣva, ष्ष ṣṣa.

Mit स्: स्क ska, स्क्र skra, स्ख skha, स्त sta, स्त्य stya, स्त्र stra, स्त्व stva, स्थ stha, स्थ्य sthya, स्न sna, स्प spa, स्फ spha, स्म sma, स्म्य smya, स्य sya, स्र sra, स्व sva, स्स ssa.

Mit ह्: ह्ण hṇa, ह्न hna, ह्म hma, ह्य hya, ह्र hra, ह्ल hla, ह्व hva.

(2) Hindī

(Ligaturen mit den Zeichen क़, ख़, ग़, ज़ und फ़ sind nicht in die Liste mit aufgenommen, da sie nach den gleichen Regeln geschrieben werden wie क, ख, ग, ज und फ).

Mit क् : क्क und क्क kka, क्ख kkha, क्ट kṭa, क्त kta, क्म kma, क्य kya, क्र kra, क्ल kla, क्व kva, क्श kśa, क्ष oder क्‍ष kṣa, क्ष्म kṣma, क्स ksa.
Mit ख् : ख्य khya.
Mit ग् : ग्द gda, ग्ध gdha, ग्न gna, ग्म gma, ग्य gya, ग्र gra, ग्ल gla, ग्व gva.
Mit घ् : घ्न ghna, घ्य ghya, घ्र ghra.
Mit ङ् : ङ्क ṅka.
Mit च् : च्च cca, च्छ ccha, च्य cya.
Mit ज् : ज्ज jja, ज्ञ jña (wird ausgesprochen wie gya), ज्य jya, ज्र jra, ज्व jva.
Mit ञ् : ञ्च ñca.
Mit ट् : ट्ट ṭṭa, ट्ठ ṭṭha, ट्य ṭya, ट्र ṭra.
Mit ड् : ड्ड ḍḍa, ड्ढ ḍḍha, ड्य ḍya, ड्र ḍra.
Mit ढ् : ढ्य ḍhya.
Mit ण् : ण्ट ṇṭa, ण्ठ ṇṭha, ण्ड ṇḍa, ण्य ṇya.
Mit त् : त्क tka, त्त tta, त्त्व ttva, त्थ ttha, त्न tna, त्प tpa, त्म tma, त्य tya, त्र tra, त्व tva, त्स tsa, त्स्य tsya.
Mit थ् : थ्य thya.
Mit द् : द्ग dga, द्द dda, द्ध ddha, द्भ dbha, द्म dma, द्य dya, द्र dra, द्व dva.
Mit ध् : ध्य dhya, ध्व dhva.
Mit न् : न्त nta, न्द्र ndra, न्ध ndha, न्न oder न्न nna, न्म nma, न्य nya, न्व nva, न्ह nha.
Mit प् : प्त pta, प्न pna, प्प ppa, प्य pya, प्र pra, प्ल pla, प्स psa.
Mit ब् : ब्ज bja, ब्द bda, ब्ध bdha, ब्ब bba, ब्य bya, ब्र bra.
Mit भ् : भ्य bhya, भ्र bhra.
Mit म् : म्न mna, म्प mpa, म्ब mba, म्भ mbha, म्म mma, म्य mya, म्र mra, म्ल mla, म्ह mha.
Mit य् : य्य yya.
Mit र् : र्थ rtha.
Mit ल् : ल्क lka, ल्द lda, ल्प lpa, ल्म lma, ल्य lya.
Mit व् : व्र vra, व्व vva.
Mit श् : श्क śka, श्च śca, श्य śya, श्र śra, श्ल śla, श्व śva.
Mit ष् : ष्क ṣka, ष्ट ṣṭa, ष्ट्र ṣṭra, ष्ठ ṣṭha, ष्ण ṣṇa, ष्प ṣpa, ष्म ṣma, ष्य ṣya, ष्व ṣva.
Mit स् : स्क ska, स्ख skha, स्ज sja, स्ट sṭa, स्त sta, स्त्र stra, स्थ stha, स्थ्य sthya, स्न sna, स्प spa, स्फ spha, स्म sma, स्य sya, स्र sra, स्व sva, स्स ssa.
Mit ह् : ह्न hna, ह्म hma, ह्य hya, ह्र hra, ह्ल hla, ह्व hva.

(3) Marāṭhī

Mit क् : क्क kka, क्त kta, क्त्व ktva, क्न kna, क्म kma, क्य kya, क्र kra, क्ल kla, क्व kva, क्ष kṣa, क्ष्य kṣya, क्ष्व kṣva.

Mit ख् : ख्य khya.

Mit ग् : ग्ध gdha, ग्न gna, ग्र gra, ग्र्य grya, ग्ल gla.

Mit घ् : घ्न ghna, घ्य ghya, घ्र ghra, घ्व ghva.

Mit ङ् : ङ्क ṅka, ङ्क्त ṅkta.

Mit च् : च्च cca, च्छ ccha, च्छ्व cchva, च्म cma, च्छ्र cchra.

Mit ज् : ज्ज jja, ज्र jra, ज्व jva.

Mit ट् : ट्ट ṭṭa, ट्य ṭya.

Mit ठ् : ठ्य ṭhya, ठ्र ṭhra.

Mit ड् : ड्म ḍma, ड्य ḍya, ड्व ḍva.

Mit ढ् : ढ्य ḍhya.

Mit ण् : ण्ण ṇṇa, ण्म ṇma, र्ण्य rṇya, ण्ह ṇha.

Mit त् : त्त tta, त्त्र ttra, त्थ ttha, त्प्र tpra, त्य tya, त्र tra, त्र्य trya, त्स tsa, त्स्य tsya, त्स्न tsna.

Mit थ् : थ्य thya.

Mit द् : द्ग dga, द्द dda, द्ब dba, द्ब्र dbra, द्भ dbha, द्म dma, द्य dya, द्र dra, द्र्य drya, द्व dva, द्व्य dvya.

Mit ध् : ध्ध dhdha, ध्न dhna, ध्य dhya, ध्र dhra, र्ध्व rdhva.

Mit न् : न्न nna, न्ह nha.

Mit प् : प्त pta, प्न pna, प्म pma, प्य pya, प्र pra, प्ल pla, प्स psa.

Mit फ् : फ्य phya.

Mit ब् : ब्ध bdha, ब्र bra.

Mit भ् : भ्ण bhṇa, भ्न bhna, भ्य bhya, भ्र bhra, भ्व bhva.

Mit म् : म्म mma, म्र mra, म्व mva.

Mit य् : य्व yva.

Mit र् : In Ligaturen, bei denen र् vorangeht, wird र् als Haken über dem oberen Querstrich des mit ihm verbundenen Konsonanten geschrieben. Beispiel: र्थ rtha.

Mit ल् : ल्क lka, ल्प lpa, ल्म lma, ल्य lya, ल्ल lla.

Mit व् : व्य vya, व्र vra.

Mit श् : श्च śca, श्न śna, श्य śya, श्र śra, श्ल śla, श्व śva.

Mit ष् : ष्क ṣka, ष्क्र ṣkra, ष्ट ṣṭa, ष्ट्र ṣṭra, ष्ट्य ṣṭya, ष्ट्व ṣṭva, ष्ठ ṣṭha, ष्ठ्य ṣṭhya, ष्ण ṣṇa, ष्प ṣpa, ष्य ṣya.

Mit स् : स्क ska, स्ख skha, स्त sta, स्फ spha, स्य sya, स्र sra.

Mit ह् : ह्न hna, ह्म hma, ह्य hya, ह्र hra, ह्ल hla, ह्व hva.

(4) Nepālī

Mit क् : क्क oder क्क kka, क्ख kkha, क्ट kṭa, क्न kna, क्र kra, क्ल kla, क्ष kṣa, क्ष्य kṣya, क्स ksa.
Mit ख् : ख्छ khcha, ख्द khda, ख्न khna.
Mit ग् : ग्ग gga, ग्छ gcha, ग्द gda, ग्न gna, ग्य gya, ग्ल gla.
Mit ङ् : ङ्ग ṅga.
Mit च् : च्च oder च्च cca, च्छ ccha, च्न cna.
Mit ज् : ज्ञ jña, ज्न jna, ज्य jya.
Mit झ् : झ्म jhma, झ्य jhya.
Mit ञ् : ञ्च ñca, ञ्ज ñja.
Mit ट् : ट्छ ṭcha, ट्ट oder ट्ट ṭṭa, ट्ठ ṭṭha, ट्न ṭna, ट्य ṭya.
Mit ठ् : ठ्य ṭhya.
Mit ड् : ड्ड oder ड्ड ḍḍa, ड्य ḍya.
Mit ड़् : ड़्ब ṛba.
Mit ढ् : ढ्ह्न ṛhna, ढ्छ ṛhcha, ढ्द ṛhda, ढ्य ṛhya.
Mit ण् : ण्ट ṇṭa, ण्ड ṇḍa.
Mit त् : त्छ tcha, त्त tta, त्त्व ttva, त्न tna, त्य tya, त्स tsa.
Mit थ् : थ्य thya, थ्व thva.
Mit द् : द्य dya, द्व dva.
Mit ध् : ध्न dhna, ध्य dhya, ध्व dhva.
Mit न् : न्च nca, न्छ ncha, न्त nta, न्थ्य nthya, न्द nda, न्ध ndha, न्न oder न्न nna, न्म nma, न्य nya.
Mit प् : प्त pta, प्य pya.
Mit फ् : फ्र phra.
Mit ब् : ब्द bda, ब्ब bba.
Mit भ् : भ्य bhya, भ्र bhra.
Mit म् : म्घ mgha, म्च mca, म्न mna, म्ब mba, म्म mma, म्व mva.
Mit र् : In Ligaturen, bei denen र् vorangeht, wird र् als Haken über dem oberen Querstrich des mit ihm verbundenen Konsonanten geschrieben. Beispiele: र्ख rkha, र्च rca, र्ज rja, र्त rta, र्थ rtha, र्ण rṇa, र्म rma, र्य rya, र्ष rṣa, र्स rsa.
Mit ल् : ल्क lka, ल्छ lcha, ल्ट lṭa, ल्ड lḍa, ल्ढ lḍha, ल्त lta, ल्द lda, ल्न lna, ल्प lpa, ल्ल lla.
Mit व् : व्य vya.
Mit श् : श्च śca, श्न śna, श्य śya, श्र śra, श्व oder श्व śva.
Mit ष् : ष्ट्र ṣṭra, ष्ण ṣṇa.
Mit स् : स्क ska, स्छ scha, स्त sta, स्थ stha, स्न sna, स्द sda, स्य sya, स्व sva.
Mit ह् : ह्म hma, ह्य hya, ह्र hra.

7. Zahlzeichen

Von den Zahlen 5, 8 und 9 gibt es sowohl eine sogenannte Hindī- als auch eine Bombay-Form. Im Sanskrit und Hindī sind beide Formen gebräuchlich, im Marāṭhī und Nepālī ausschließlich die Bombay-Form. Um mehrstellige Zahlen zu schreiben, werden sie wie die arabischen Zahlzeichen aneinandergereiht (Beispiel 1997: १९९७).

Die Devanāgarī-Zahlzeichen sind

Hindī-Form:

१	२	३	४	५	६	७	८	९	१०
1	2	3	4	5	6	7	8	9	10

Bombay-Form:

१	२	३	४	५	६	७	८	९	१०
1	2	3	4	5	6	7	8	9	10

	Hindī-Form	Bom-bay-F.	Sanskrit		Hindī		Marāṭhī		Nepālī	
1	१	१	एक	eka	एक	ek	एक	ek	एक	ek
2	२	२	द्वि	dvi	दो	do	दोन	don	दुइ	dui
3	३	३	त्रि	tri	तीन	tīn	तीन	tīn	तीन	tīn
4	४	४	चतुर्	catur	चार	cār	चार	cār	चार	cār
5	५	५	पञ्चन्	pañcan	पाञ्च	pāñc	पांच	pāñc	पांच	pāñc
6	६	६	षष्	ṣaṣ	छः	chaḥ	सहा	sahā	छ	cha
7	७	७	सप्तन्	saptan	सात	sāt	सात	sāt	सात	sāt
8	८	८	अष्टन्	aṣṭan	आठ	āṭh	आठ	āṭh	आठ	āṭh
9	९	९	नवन्	navan	नौ	nau	नउ, नव	nau, nav	नौ	nau
10	१०	१०	दशन्	daśan	दस	das	दहा	dahā	दस oder दश	das oder daś

C. Schriftbeispiele aus dem Alltag

10
भारतीय रिज़र्व बैंक
9JT 96228J
RESERVE BANK OF INDIA
केन्द्रीय सरकार द्वारा प्रत्याभूत
GUARANTEED BY THE CENTRAL GOVERNMENT
10
दस रुपये
मैं धारक को दस रुपये अदा करने का वचन देता हूँ
I PROMISE TO PAY THE BEARER THE SUM OF TEN RUPEES
GOVERNOR
9JT 96228J

10
भारतीय रिज़र्व बैंक
10
10 दस रुपये
TEN RUPEES

राजघाट
महात्मा गांधी की समाधि
Raj Ghat
Samadhi of Mahatma Gandhi

BHOPAL CITY
भोपाल सिटी
SHAHJAHANABAD
शाहजहाँनाबाद
HAMIDIA HOSPITAL
हमीदिया

தாயார் சந்நிதிக்கு போகும் வழி
WAY TO THAYAR SANNATHI-
तायार मंदिर जाने का मार्ग
பொருட்கள் பாதுகாப்பு வைப்பு அறை
CLOAK ROOM - अमानती सामानघर
கட்டணம்: ரூ 1.00 - Fee: Re 1.00 - रकम रु: 1.00

विचार अच्छा है! क्यों न हम तेरह लोग भी
एक-एक महीने प्र. मं. पद संभालें!
z-z-z-
सं. मो.
उ.प्र. में बसपा-भाजपा सरकार!
मु.मं. पद छह-छह महीने के लिए

गारफील्ड
जिम डेविस
मेरी उंगली नाक में चिपक गई है।
वाह! नोज़ीकोल दा जवाब नहीं।
DIST. BY ASIA FEATURES

अपना दायित्व भूल-कर असुरों ने केवल अपने लिए वह कलश हड़प लिया।
पहले मैं पियूँगा!
नहीं, पहले मैं!
नहीं, तुम नहीं, पहले मैं लूँगा।
मुझे दो, मैं तुम्हारा सरदार हूँ!

वर्ग पहेली

बाएं से दाएं

1. त्यागा हुआ, बाहर निकला हुआ, 4. असली, 5. दिगंबर, 6. बुरी आदत, 7. विशिष्ट वस्तु से बनाया हुआ दूध का एक लचीला पदार्थ, 8. नखरा, 9. उस समय, 10. अमान्य, 11. आधुनिक, 13. और, 14. पयोधर, 16. शतरंज की एक गोट, 17. तिरस्कार के साथ हटाने का एक शब्द, 18. सरहद, 19. लगातार, 20. जख्म, 22. बरबाद, 24. चैत्र शुक्ला तृतीया का दिन, 25. कमी, 27. एक बेल का लंबोतरा फल, 28. अनुपस्थिति।

ऊपर से नीचे

1. ताकतवर, 2. भलाई, 3. भींगा हुआ, 4. किसी वस्तु में ऐसा विकार होना कि वह गलने और उसमें दुर्गंध आने लगे, 5. गायब, 8. अनूठा, 12. जन्मभर, 15. जायकेदार, 17. उछलकूद, उपद्रव, धीरे से खिसक जाना, लहँगा, 21. आयुर्वेद के आचार्य, 26. सहोदर।

उत्तर

बाएं से दाएं: 1. बहिष्कृत, 4. सच्चा, 5. नग्न, 6. लत, 7. रबड़, 8. अदा, 9. तब, 10. नामंजूर, 11. नया, 13. तथा, 14. बादल, 16. वजीर, 17. धत्, 18. सीमा, 19. सतत, 20. घाव, 22. चौपट, 24. गनगौर, 25. कसर, 27. ककड़ी, 28. नागा।
ऊपर से नीचे: 1. बलवान, 2. हित, 3. तरबतर, 4. सड़ना, 5. नदारद, 8. अजूबा, 12. यावज्जीवन, 15. लज्जतदार, 17. धमाचौकड़ी, 19. सटकना, 20. घागरा, 21. चरक, 26. सगा।

दिल्ली पुलिस
की ओर से महिलाओं के लिए
'खुशियों के रंग'

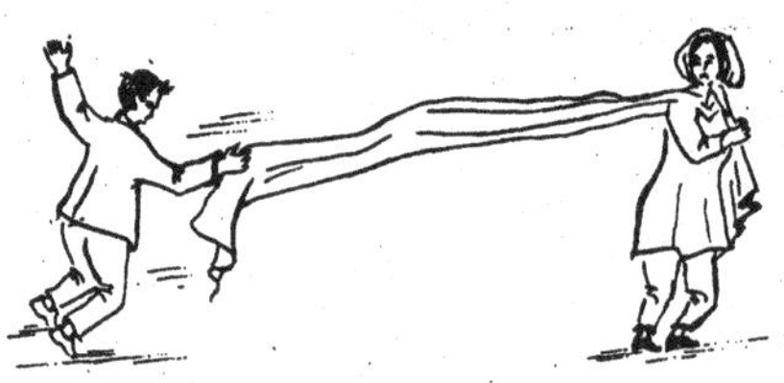

होली के दौरान जो करेंगे
महिलाओं से छेड़खानी...

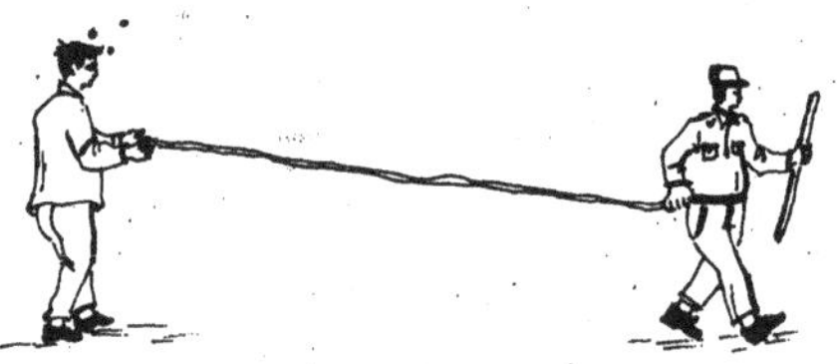

...उन्हें पड़ेगी जल्दी ही
जेल की हवा खानी.

आप भी सिर्फ मूकदर्शक ना बने। परिस्थिति के अनुसार कार्यवाही करें। तुरन्त अपने निकटतम पुलिस स्टेशन या पी. सी. आर. वैन को सूचित करें, अथवा 100 नं. पर फोन करें।

होली की शुभकामनाएँ!

दिल्ली पुलिस
आपके लिए, आपके साथ, सदैव.

LITERATURVERZEICHNIS

Barthel, Gustav: Konnte Adam schreiben? Weltgeschichte der Schrift, Köln 1972.
Bühler, Georg: Indian Paleography, in: The Indian Antiquary, Bd. 33, Bombay 1904.
Coulmas, Florian: The Writing Systems of the World, Cambridge 1996 (EA: 1989).
Falk, Harry: Schrift im alten Indien, Tübingen 1993. (Dieses Buch enthält eine umfassende Bibliographie zum Thema.)
Földes-Papp, Károly: Vom Felsbild zum Alphabet. Die Geschichte der Schrift von ihren frühesten Vorstufen bis zur modernen lateinischen Schreibschrift, Bayreuth 1975 (EA: Stuttgart 1966).
Frutiger, Adrian: Der Mensch und seine Zeichen. Schriften, Symbole, Signete, Signale, Wiesbaden [3]1991 (EA: Paris und Frankfurt 1978–1981).
Glück, Helmut (Hrsg.): Metzler-Lexikon Sprache, Stuttgart, Weimar [3]2005 (EA: 1993).
v. Hinüber, O.: Der Beginn der Schrift und frühe Schriftlichkeit in Indien, Stuttgart 1990, in: Abhandlungen der Akademie der Wissenschaften und der Literatur, Mainz (Geistes- u. sozialwiss. Kl), Wiesbaden 1989, 11.
Hultzsch, E.: Inscriptions of Asoka, in: Corpus Inscriptionum Indicarum, Bd. 1, Reprint: New Delhi 1991.
Kannaiyan, V.: Scripts in and around India, Madras 1960.
Lambert, H. M.: Introduction to the Devanagari Script, Oxford 1953.
Mahadevan, Iravatham: The Indus Script. Texts, Concordance and Tables, in: Memoirs of the Archaelogical Survey of India No. 77, New Delhi 1977.
Masica, Colin P.: The Indo-Aryan Languages, Cambridge 1991.

Die nachfolgende Literaturliste gibt eine Auswahl von Literatur für denjenigen, der die Sprachen Sanskrit, Hindī, Marāṭhī oder Nepālī erlernen will.

1. Altindisch

Vedisch

a) *Lehrbücher und Grammatiken*

Macdonell, Arthur A.: Vedic Grammar For Students, Delhi 1981 (EA: Oxford 1916).
Macdonell, Arthur A.: Vedic Grammar, Delhi 1975 (EA: Straßburg 1910).

b) *Wörterbücher*

Wie für Sanskrit.

Sanskrit

a) *Lehrbücher und Grammatiken*

Bühler, Georg: Leitfaden für den Elementarkursus des Sanskrit, mit Übungsstücken und zwei Glossaren, Darmstadt 1968 (Reprographischer Nachdruck der 2. von Joh. Nobel durchgesehenen Aufl., Wien 1927).

Coulson, Michael: Sanskrit, An Introduction to the Classical Language, Berkshire 1992 (EA: London 1976).

Egenes, Thomas: Introduction to Sanskrit, Teil 1, San Diego [2]1990 (EA: 1989).

Stenzler, Adolf Friedrich: Elementarbuch der Sanskrit-Sprache, Grammatik Texte Wörterbuch, verbesserter Nachdruck, Berlin, New York [17]1980 (EA: Breslau 1868).

Whitney, William Dwight: Indische Grammatik, Umfassend die klassische Sprache und die älteren Dialekte, aus dem Englischen übersetzt von Heinrich Zimmer, Wiesbaden 1980 (Nachdruck der Ausgabe Leipzig 1879).

b) *Wörterbücher*

Apte, V. S.: The Student's Sanskrit-English Dictionary, Poona 1973 (EA: Poona 1890).

Böhtlingk, O., Roth, R.: St. Petersburger Sanskrit-Wörterbuch, hrsg. von der Kaierlichen Akademie der Wissenschaften, 7 Bde., Neudruck Wiesbaden 1966 (EA: St. Petersburg 1855-1875).

Capeller, C.: Sanskrit-Wörterbuch, Berlin 1966 (EA: Straßburg 1887).

Monier-Williams, M.: Sanskrit - English Dictionary, Delhi [2]1981 (EA: Oxford 1899).

Mylius, K. Wörterbuch Sanskrit-Deutsch, Leipzig 1975.

2. Hindī

a) *Lehrbücher und Grammatiken*

Bhatia, Tej, K.: Colloquial Hindi, The Complete Course for Beginners, New York 1996 (=Lehrbuch mit Audiocassette).

Gatzlaff-Hälsig, Margot: Grammatischer Leitfaden des Hindi, Hamburg [5]2003 (EA: Leipzig 1967).

Snell, R., Weightman, S.: Hindi, A Complete Course for Beginners, London 1989.

Srivstava, Murli Dhar: Essentials of Hindi Grammar, A Practical Guide to the Mastery of Hindi, Delhi 1984.

b) *Wörterbücher*

Anand, I. N.: The Modern English-Hindi Dictionary, Delhi 1991.

Bahri Dr., Hardev: Learners' Hindi-English Dictionary, Delhi 1984.

Gatzlaff-Hälsig, Margot (Hg.): Handwörterbuch Hindi-Deutsch, Hamburg 2002.

Gatzlaff-Hälsig, Margot: Wörterbuch Deutsch-Hindi, Hamburg [5]2000.

Pathak, R. C.: Standart Illustrated Dictionary of the Hindi Language (Hindi-English Edition), Varanasi 1979 (EA: Varanasi 1946).

Sharma, A., Vermeer, Hans J.: Hindi-Deutsches Wörterbuch, Bde. 1-3, Heidelberg [2]1987 (EA: Bde. 1-4, Heidelberg 1983-1984).

3. Marāṭhī

a) *Lehrbücher und Grammatiken*

Kale Dr., K., Soman Dr., A.: Learning Marathi, Pune 1986.

Kavadi, Naresh B., Southworth, Franklin C.: Spoken Marathi, Book I, First-year intensive course, in: University of Pennsylvania South Asia Regional Studies, Philadelphia, Pennsylvania 1964.

Lambert, H. M.: Marathi Lnguage Course, Calcutta 1943.

Navalkar, Ganpatrao R.: The Student's Marāṭhī Grammar, Bombay 1894.

Raeside, I. M. P. u. Nemade B. V.: Marathi Reading Course, New Delhi 1991.

b) *Wörterbücher*

Kulkarni, K.P.: Marathi Etymological Dictionary [Historical & Comparative], Poona [2]1964.

Sirmohadam, Madhusudam Shrinivas: The New Standard Dictionary, Marathi-English-Marathi, In Two Volumes, Bombay 1970.

4. Nepālī

a) *Lehrbücher und Grammatiken*

Acharya, Jayaraj: A Descriptive Grammar of Nepali and an Analysed Corpus, Washington D. C. 1991.

Clark, T. W.: Introduction to Nepali, A First-year Language Course, Cambridge 1963.

Hari, Anna Maria (Hrsg.): Conversational Nepali, Nepal 1971.

Matthews, David: A Course in Nepali, London 1984.

b) *Wörterbücher*

Kilgour, R., u. a.: English-Nepali Dictionary, New York, Delhi, Madras, [3]1990 (EA: o.O. 1922).

Pradhan, Sri Babulall: English-Nepali Dictionary, Varanasi 1988.

Schmidt, Ruth Laila u. a. (Hrsg.): A Practical Dictionary of Modern Nepali, o.O. 1993.

Devanāgarī-Zeichen in Übersicht

अ / अ a	आ / आ ा ā	इ ि i	ई ी ī	उ ु u	ऊ ू ū	ऋ / ऋ ृ r̥	ॠ / ॠ ॄ r̥̄		
ऌ / ऌ ॢ ḷ	ॡ / ॡ ḹ			ए े e	ऐ ै ai	ओ / ओ ो o	औ / औ ौ au		
क k	क़ qa	ख kha	ख़ kha	ग ga	ग़ ga	घ gha	ङ ṅa		ं ṁ
च ca	छ cha	ज ja	ज़ za	झ / झ / झ / झ jha		ञ ña		ँ ñ	ः ḥ
ट ṭa	ठ ṭha	ड ḍa	ड़ r̥a	ढ ḍha	ढ़ r̥ha	ण / ण ṇa		ॅ engl.[o]	् Virāma
त ta	थ tha	द da	ध dha	न na				ऽ Avagraha	॰ Kürzel
प pa	फ pha	फ़ fa	ब ba	भ bha	म ma			। .	॥ .
य ya	र ra	ल / ल la		व va	श / श ś	ष ṣ	स s	ह ha	ळ ḷa
१ 1	२ 2	३ 3	४ 4	५ / ५ 5	६ 6	७ 7	८ / ८ 8	९ / ९ 9	० 0